気づき・問い・対話を引き出す

小学校社会「見える化」授業術

Sano Yohei
佐野 陽平

明治図書

はじめに

この本に関心をもっていただいた方は，きっと「社会科の授業がうまくなりたい！」と，日頃から試行錯誤を重ねている方だと思います。私も同じです。毎日，仕事終わりに自分の授業についてふりかえります。場合によっては，社会科が終わった途端の休み時間に，

「今の授業，面白くなかったやろ？　ごめん！　あそこがなー…」

「いやいや，サノＴ（私の愛称)。そんなことなかったで。次，頑張りや」

「・・・」

などと，学級の子どもと話すこともあります。励まされていますね（笑)。

はじめまして。私は，現在，大阪市で教員をしております佐野陽平と申します。社会科の研究をしています。以前に，大学の附属小学校で勤務していた経験もあって，これまで社会科について発信する機会にも恵まれてきました。そのおかげで，数多くの優れた理論や実践に触れてきましたが，上記の通り，私は，まだまだ未熟者です。そのため，「ああしておけばよかったな」「次は，ああしてみよう！」「あの子は，あんなふうに考えるんやなー」「あの時のあの子は輝いていたな」というように，日々，自分や子どもの様子を思い出しながら反省したり，新しいことに挑戦したりして過ごしております。

本書は，こんな私が，日々の研究の中で気づいてきたことを，社会科授業における「見える化」に焦点を絞って書いたものになります。

「見える化が大事なのは，当然やん」

「すでに先生たちは，いっぱい見える化してるやん」

と，先生方から聞こえてきそうですね（笑)。おっしゃる通りです。

それでは，唐突ですが…，質問です！

「どうして見える化しているのですか？」

さて，どのように返しますか？

「え？　わかりやすいからに決まっているやん」
と返してしまいませんか。さらに，もう一押しします。

「それは『何を』わかりやすくしているのでしょうか」

どうですか？　少し戸惑ってしまうのではないでしょうか。教師は，授業における見える化のよさを何となく感じているけれど，言語化したことがないというのが実状ではないでしょうか。…ということは，このようにも捉えられるのではないでしょうか。

見える化の意味や効果，何を見える化しているかを
教師が把握しておけば，もっとよい授業ができる！

正直なところ，上記のことは，どの教科にも当てはまると思います。ただ，多くの視覚的な資料を読み取り，多角的に多様な考えが表出される社会科の授業では，特に有効なのです。さらに，忘れてはならない点として，社会科は，子どもたちが社会的事象を通して，人々の願いや思い，背景といった見えないものにも迫っていく教科です。つまり，見えないものを見えるようにする社会科の授業では，「見える化」が欠かせない手立てとなるのです。

そこで，本書では，第１章で「見える化」による３つの効果について，第２章で何を「見える化」するかについての理論を書いています。第３章以降は，実践を交えての具体を書いています。第３章では，「見える化」するテクニックを基礎編，発展編に分けて，授業の一場面などを切り取りながら書いています。第４章では，「見える化」を取り入れた授業の実際について１時間の流れがわかるように書いています。

本書が皆様の授業を見つめ直す機会になるとともに，授業づくりの一助となれば幸いです。手に取っていただき，ありがとうございます。

2023年５月

佐野　陽平

CONTENTS

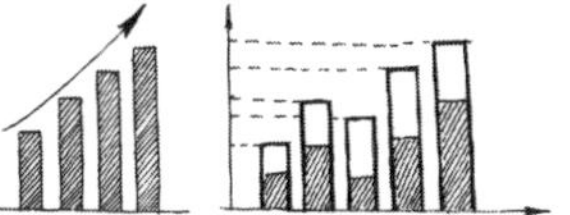
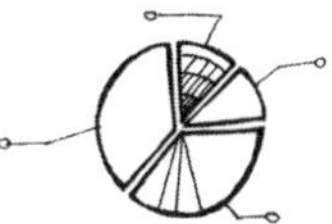

第３章
気づき・問い・対話を引き出す「見える化」の技術

基礎編

発展編

第４章 気づき・問い・対話を引き出す「見える化」授業づくり

３年

４年

5年

6年

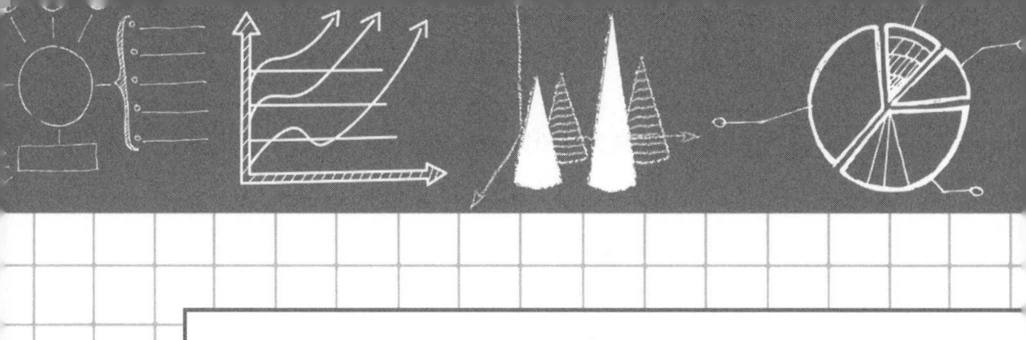

第1章

「見える化」の効果と方法

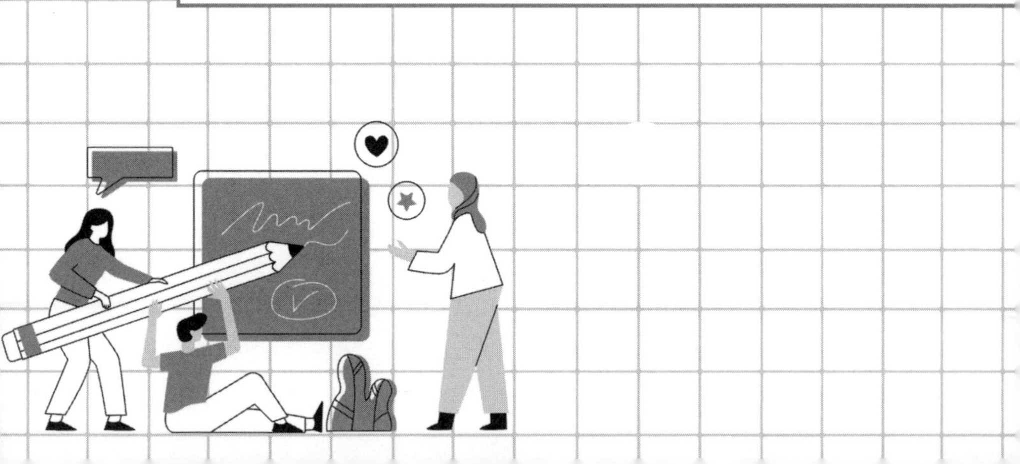

01

「見える化」による
児童への３つの効果

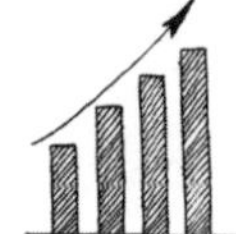

Visualization of Social Studies Classes

「どうして見える化することは，大事なの？」
と聞かれた場合に，あなたはどのように答えますか？

私の場合は，「大きく３つの効果があるから」と答えます。

触発

まず，児童の気づきを触発する効果です。

「あ，先生。気づいたことがあります」

「ん？　ここも同じことが言えるんじゃないかな？」
などのような気づきです。

これらは，教師から児童に「気づきなさい」と伝えて，気づくものではありませんよね？　そこで，見える化です。

突然ですが，鎌倉の大仏がどれくらい大きいかを説明してください。「え？」となった方も，できるだけ具体的に説明してください。制限時間は10秒です。どうぞ!!

「えっと…，高さが10m以上あって，顔だけでも，こ～んなに大きくて…」

はい，時間切れです。なかなか言葉だけでは難しいですよね。

児童には「かなり大きいんだな」ということはなんとなく伝わるでしょう。しかし，頭の中にイメージはできないかもしれません。

では，これならどうでしょう？

「これは，鎌倉の大仏の写真です」

すぐに，「大仏は，かなり大きい」ということが伝わるのではないでしょうか？　特に，比較するものがあることで，より大仏の大きさが伝わりやすくなることでしょう。

これが見える化による**触発**です。実際の授業では，もっと児童を資料に惹きつけておきますが，今回は，あくまでも極端な例です…（笑）。

このようなことから，授業においても，様々な方法によって触発を促す手立てをすることで，**児童が「あ！」と呟き始め，共通点や相違点，問題解決への道筋などに気づくことができる**ようにします。

対話の促進

「あ！　〇〇くんと似てる！」
「え？　私と違う」
というように，児童が友達の意見に対して，思わず呟いてしまう瞬間があります。そっと見守っていると，「だって～」と言い始めます。授業で，教師が嬉しい瞬間の１つです。児童も夢中で話し始めます。

これは，児童が自分の意見と他の意見を比較して，しっかりと考えている姿です。

このような場面を見える化で増やすことができます。それが，**対話の促進**の効果です。「農家として暮らすことを考えている人に，北海道と沖縄県なら，どちらをすすめる？」のディベートを例にしてみましょう。

沖縄県派「北海道は寒いから，雪が多いし，暖房代がかかる！」

北海道派「環境で考えるなら，沖縄県は台風が多いから，育てた農作物がダメになるかもしれない」

中立派　「でも，沖縄県は台風に強いサトウキビを育ててたり，北海道は雪の水を利用して農業してたりするよ」

沖縄県派「確かに，雪の水は利用できるけど，雪はよいことだけじゃない。だって，雪かきは，大変！　って農家さんが話していた」

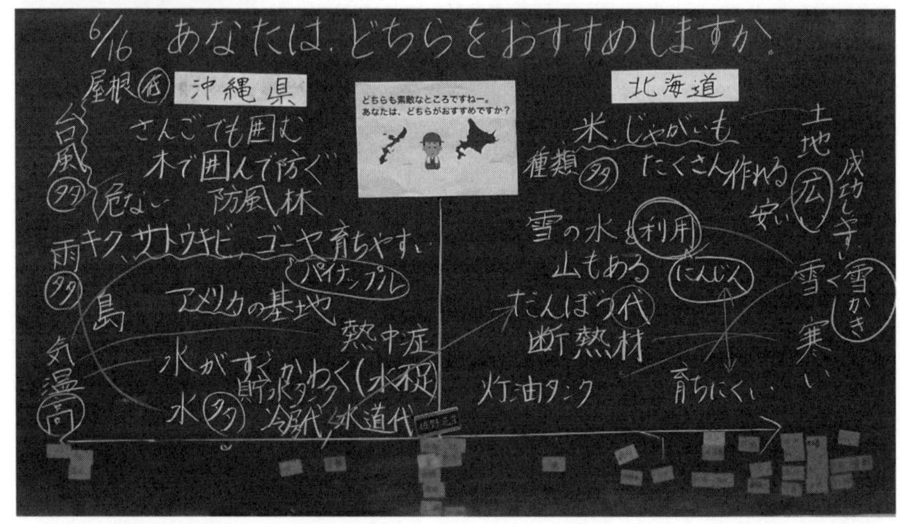

これらの話し合いを何も見ずに行うことは，意外と難しいです。最悪の場合，「沖縄県は暑い」「北海道は寒い」の言い合いになりかねません。この授業の場合は，板書による見える化が話し合いを助けているのです。

大人でも，会議の時に「さっき，〇〇さんが言ってたことなんだけど…，あ～，何でしたっけ？」となったり，「ところで，何の話をしていたっけ？」と話がずれたりしませんか？　**話し合っている内容が見える化されることで，友達の意見と自分の考えとの比較につながり，児童の「話したい」「聞いてみたい」という思いにつながっている**のです。

また，論点がずれそうになった場合でも，板書をもとに立ち止まることができます。課題解決に向けて，様々な意見を関連づけながら対話ができるのです。

…ということは，大人の会議も見える化されている方が，実りある議論ができると思っています。余談ですが…（笑）。

記録

「あれ？　どうだったっけ？」

ということは，みなさんも経験ありませんか？「少し前のことなのにー。あー，思い出せない」みたいなことが，私にはよくあります（笑）。そのような困り感に対する手立てになり得るということが，見える化による３つ目の効果です。

３つ目は，**記録**の効果です。単純な例で言えば，「この人物の名前は，何だったかな？　あー，思い出せない」とモヤモヤした場合に，ノートに記録されていれば確認することができます。「そうだ，そうだ」とモヤモヤが解消されます。これは気持ちがよいものです。

人物名や地名，年号といった知識ばかりでなく，**記録に残すことで，自分がどのように思考したのか，話し合いの過程なども形になります**。例えば，板書を指差しながら「ここまで，どのように考えてきたのかな？」と児童に問えば，授業の中盤や終盤でのふりかえりの材料として活用できます。また，記録の過程で，頭の中の情報や多様な意見が整理されていきます。新たな視点から考えを引き出したり（触発），再検討の必要を促したり（対話の促進）できます。

ここまで見える化の効果を大きく３つ紹介してきました。授業者が，見える化による３つの効果を意識していくと，何を見える化するか，どのように見える化するかが考えられるようになり，よりよい授業につながるのではないでしょうか。

02

「見える化」のための主なツール 板書・ICT 機器

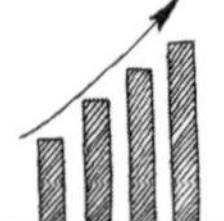

Visualization of Social Studies Classes

板書

「児童の頭の中を書く。それが板書だ」

昔，私が先輩教諭から教わった言葉です。児童の思考を見える化するということです。

私の場合は，この先輩の言葉をきっかけに思考の見える化を意識し始めてから，板書の仕方が変わってきました。「児童の頭の中が黒板に残っていく」というイメージです。児童のノートと板書は，書いてあることが違うものになります。どちらかと言うと，**児童がノートで自分の考えを整理して，黒板に多様な考えが表現される**，という順番です。

もちろん，黒板は児童がノートなどに記録するためのツールとしても活用できます。黒板を児童がノートに写したり，まとめたりして学んでいくイメージです。その場合は，黒板とノートは似たものが出来上がります。

どちらが正しいということではありません。ただ，授業構成によって，板書で児童の思考を見える化するのか，板書で児童に伝えるのかは，授業者は考えておくべきだと思います。

ICT 機器

「どうして ICT 機器を使うの？　板書やノートじゃダメなの？」
と聞かれた場合に，あなたはどのように答えますか？　この質問に答えてこそ，ICT 機器の魅力をつかんでいると言えます。

私は，主に**「即時性」「共有性」「保存性」**と答えます。

ICT 機器は，写真のように，即時に全員の考えを共有することができます。クラウドに保存しておけば，いつでも，どこでも確認することができます。

その他の特性としては，ICT 機器は，資料を拡大化・焦点化したり，一部を隠したりできます。うまく活用すれば，見える化する部分を手軽に限定できるようになったことも魅力ですね。

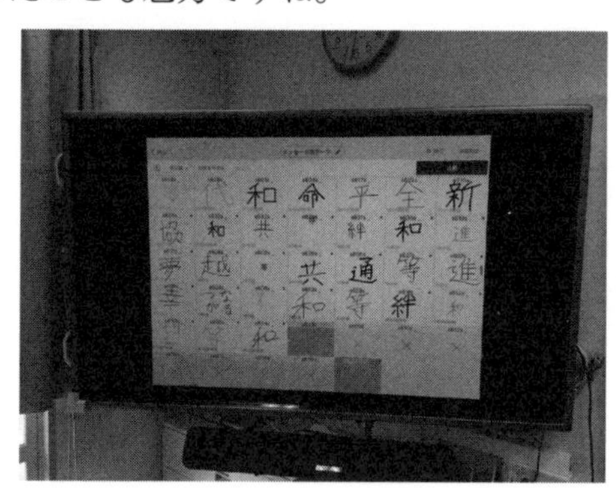

その他のツール

第２章以降で，具体的な使い方を紹介します。ここでは簡単に，ツールとその活用方法の種類のみ挙げておきます。

ホワイトシート	：意見の共有，分類
マグネット	：分類
ネームプレート	：立場の見える化
思考ツール	：思考過程の見える化
ハンドサイン	：立場の見える化 理解度の見える化

第2章

「見える化」すべき9つのコト・モノ

「児童の呟き」を見える化する

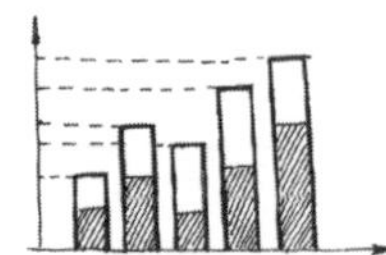

Visualization of Social Studies Classes

児童は魅力的な資料に出会った時，「えー!?」「大きすぎる！」「危ない！」などと驚きをもって呟きます。あるいは，自分の頭にはなかった友達の考えに出会った時，「本当だ！」「なるほど」「ということは…」などと話し始めます。まさに，これは児童の頭の中が表出している瞬間ではないでしょうか。

 呟きの見える化→気づきの見える化＋安心感

社会科の学習において，資料は命と言われるほど重要なものです。それは，資料によって，児童の気づきや発見が生まれるからです。この点から，私は，児童の気づきや発見，それに似た呟きを非常に大切にしています。

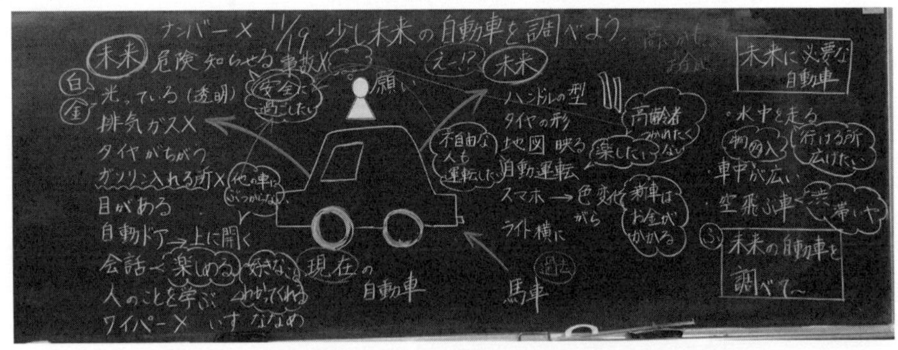

写真は，５年生の自動車工業での学習です。板書の真ん中上の方に，「えー!?」という記録があります。この呟きは，児童に数年後に登場するとされている自動車の映像を見せた時の児童の反応です。

T　（未来の自動車の映像を提示）

C　えー!?

T　（映像を一時停止）どうして「えー!?」と言ったの？（板書する）

C　だって今の自動車と全然違う…。

T　例えば？

C　はいはい！　車体が光っている！　タイヤの形も違う！

C　排気ガスが出ていないし，自動車なのに人と会話している！

確かに，映像を見せた後に，「気づいたところはある？」と問いかけることもできます。しかし，この発問は，注目する部分が曖昧な発問となります。さらに，固い印象の発問になっているため，児童は，教師が求めているものを探さなければならない感覚を抱き，消極的になるのです。

そこで，見える化です。「えー!?」という児童の驚きを板書することで，注目させる視点を与えられます。「えー!?」という驚きは，児童の気づきと同じです。児童は，自分の常識と違うことに気づいたから驚くのです。そこを**「えー!?」と見える化することで，自分の常識との違いに注目させることができます**。つまり，「どうして，『えー!?』と言ったの？」という発問は，暗に「あなたが知っていることと違うところは，何？」と問いかけているのです。また，この呟きを板書することは，児童の素直な反応を認めていることにもなります。授業は静かにしなければならない，先生に合わせないと…，という児童の思い込みを崩すことにもつながります。これらの活動を積み重ねると，児童は安心して資料と向き合うようになります。

プラスα

注意点としては，「何でもかんでも板書すればいい」ではないということです。気を付けなければ，ごちゃごちゃした板書になってしまいます。

そこで，児童の呟きは，「何から考えたものなのか」「何かにつながるものか」を授業者は常に考えておく必要があります。

「関係性」を見える化する

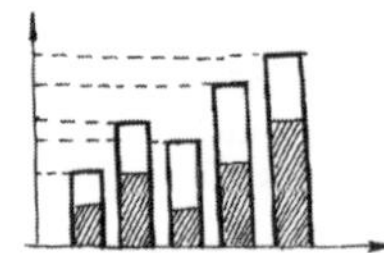

Visualization of Social Studies Classes

社会科の授業では，様々な事象の関係性を学んでいきます。関係性と言っても，原因と結果，GIVE と TAKE，対立関係，相関関係，利害の関係…などなど様々です。これらは，児童にとって「なんとなくわかる」という理解に陥りがちです。そこで，見える化です！

 関係性の見える化→思考部分の明確化＋視点の明示

T　みんなは，どこに買い物に行くことが多い？
C　スーパーマーケット！
T　どうしてスーパーマーケットに行くの？
C　家から近いから！　商品の種類が多いから！　安いから！
T　だから，スーパーマーケットに行くんだね。
　今日は，お客さんのためのスーパーマーケットの工夫を考えます。
C　はい！（ん？　お客さん？　スーパーマーケット？　工夫？）

３年生の販売と消費に関わる単元の学習です。このような児童とのやり取りだけでは，その時点では児童の頭の中は消費者の視点になっています。そこで，急に販売者の視点を問われると，「ん？」となります。また，教師がわかりやすいようにと思って使っている「お客さんのための」という言葉があることで，余計にややこしくなっています。極め付けは「工夫」という曖昧な言葉です。児童からすると，「何じゃ，それ？」です。

それでは，次のような図を板書しながらだと，どうでしょうか？

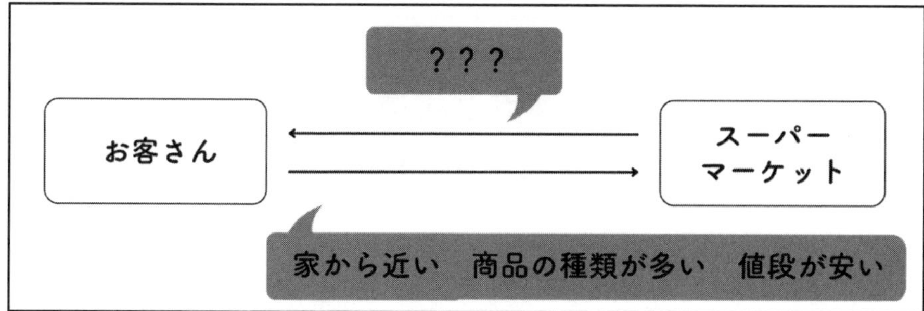

　スッキリしませんか？　「スーパーマーケットがお客さんのために何をしているか」が問われていることが，わかりやすくなったはずです。さらに，視点が切り替わっていることが矢印でわかります。

　このように関係性を見える化すると，関係性の中の何を考えるのかが明確になる上，児童が多角的に考えられるようになります。

　各学年で登場する様々な関係性をいくつか紹介します。

○第３学年

地域の安全を守る　例：消防署と通信指令センターの連携

地域の移り変わり　例：人々の願いと道具の変化

○第４学年

自然災害から人々を守る　例：市役所と消防団などの関係機関の連携

地域の発展に尽くした人々　例：当時の人々の願いと先人の働き

○第５学年

さまざまな土地のくらし　例：地形や気候，その土地の特色と人々の生活

工業生産とわたしたちのくらし　例：他国との輸入品目・輸出品目

○第６学年

わたしたちのくらしと政治　例：三権（立法，行政，司法）の関わり

国際連合と日本の役割　例：日本の諸外国への援助・協力

「共通点と相違点」を見える化する

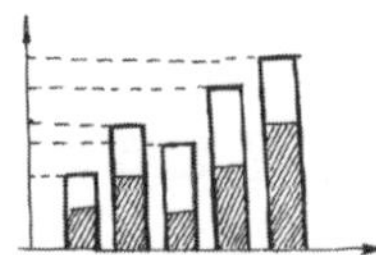

Visualization of Social Studies Classes

「～に着目して，社会的事象を捉え，比較・分類したり総合したり，地域の人々や国民の生活と関連付けたりすること」という文言を聞いたことがあるのではないでしょうか。そうです！　社会科の学習指導要領に頻繁に登場するものです。「何回，書くの⁉」というぐらい登場します（笑）。それだけ重要な考え方だということですが，今回は「比較」を行う場合に注目します。

比較の見える化→共通点と相違点が表れる

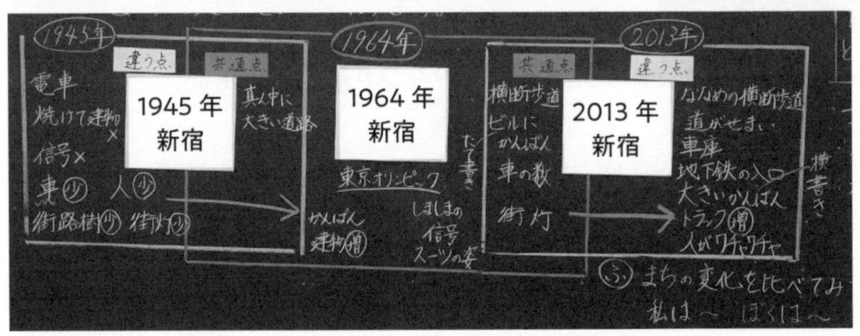

上の板書は，６年生の「戦後の日本」の学習です。戦後直後→東京オリンピックの頃→現在（2013年）の新宿を比較しています。資料を比較する場合に見えてくることは，共通点と相違点の２つです。この点を理解していると，見える化の方法が変わってきます。ポイントとなるのは，共通点です。（※あくまでも，ポイントです。「共通点に気づかせなければいけない」ということではありません）

比較をした場合，児童が気づきやすいのは，相違点の方です。この授業が相違点にだけ着目して進むと，「時代によって，全然，違うなー」という理解で終わってしまいます。しかし，「共通点はないかな？」と問い，視覚的に強調すると児童の理解が変わるのです。

この授業では，児童が３つの資料に共通する「大きな道路」の存在に気づきます。この気づきが「どうしてなんだろう？」という問いを児童に抱かせます。ある児童は，「1945年からずっと大きな道路がある。だから，車を中心にすることにしたのだと思う。車の数も増えていっている」というように考えていました。違う児童は，「鉄道は通すのに時間がかかるからかな？」といった問いが生まれていました。**相違点だけでなく，共通点があることで，児童に深い思考を促す**のです。

このように，比較した際には，共通点と相違点の見える化がとても有効です。なお，板書にもあるベン図は，比較した内容を整理する思考ツールです。

プラスα

３，４年生では，社会見学で調べたことを白地図にまとめ見える化する実践が多くあります。ただ，全地域を児童全員が見学に行ければいいのですが，なかなかできません（笑）。そこで先生方は，地域をいくつかに分けて調べていこうと考えます。しかし，「調べた後は？」という声がよくあります。このような場合も，板書のように比較することが有効です。比較することで, 地域全体の特色が見えてくるはずです。「見える化×比較」は鉄板です。

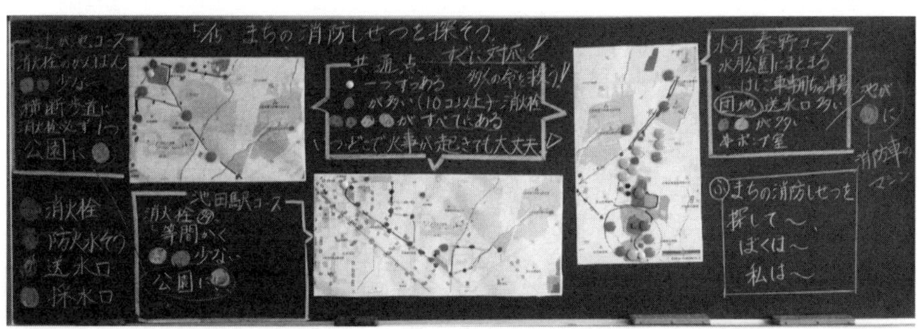

「全体」を見える化する

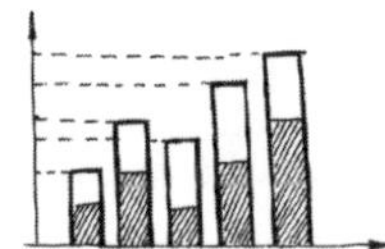

Visualization of Social Studies Classes

本を読んでいて，「どれくらい読み進めたかな？　残り何ページだろう？」と気になったことはありませんか？　それは，見通しをもちたいという気持ちの表れです。

サッカーの中継を見ていて，「あそこにフリーの選手がいるのに」と感じることはありませんか？　それは，俯瞰的に見えるから気づくのです。

全体の把握による見通し

代表的なものが，歴史の年表です。教科書の後ろや学校によっては教室に掲示しているアレです。年表は，日本の歴史を見える化したものですよね。年表を見ると，歴史全体から見て，どのあたりを学習しているのか，今後にどのような変化が起こるのかといったことがわかるので，児童は見通しがもてます。「え？　歴史の流れがわかっていいの？」と感じた人がいるかもしれませんね。私は，大まかにならよいと思います。武士の時代があって…戦争の時代があって…，という具合にです。なぜなら，後の時代へのつながりに気づく場合もあるからです。

ちなみに，歴史以外でも教科書は，大単元の１時間目が単元全体を見通せるような構成になっている場合が多いです。学習計画を立てる際にご活用ください。

全体を俯瞰的に見る

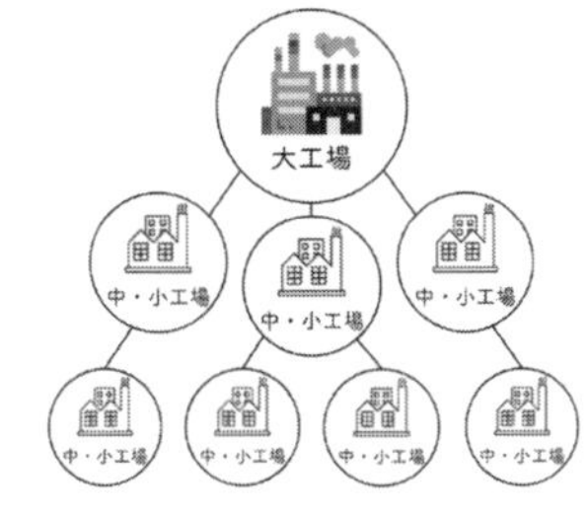

５年生の自動車工業における大工場と中小工場を例にしてみましょう。工場で働く人々の作業の様子からでは，大工場と中小工場の作業内容の違いしかわかりません。そこで，右の図のような資料を提示することで，大工場が多くの中小工場に支えられていることが捉えられます。

もう１つの例としては，３年生で都道府県内における自分たちの市の位置を調べる学習があります。この学習の際にも，都道府県全体と自分たちの市を視覚的に捉えられるようにすることで，自分たちの市を俯瞰的に見ることができます。児童は，自分たちの市を全体や他の市と比べ始めるでしょう。

このように**全体を視覚的に示すことで，ミクロな視点だけでなく，マクロな視点で俯瞰的に見る力が養える**のです。

プラスα

小学校での社会科における学習の全体像を示すと，児童は「おー，すごい！」となります。学習内容の広がりを感じたり，系統性に気づいたりするからです。もちろん言葉では伝わりにくいので，下の図のようにするとよいです。これらのことに気づくと，児童は「４年生の時の学習と似ているな」「３年生の時の学習とつながってるんじゃないかな？」と既習の学習とのつながりを意識できるようになります。

大阪市	大阪府	日本	世界
３年	４年	５年	６年

「過程や背景」を見える化する

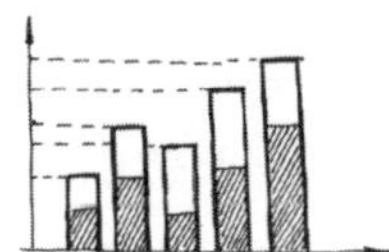

Visualization of Social Studies Classes

暗記教科と言われがちな社会科，いや暗記教科と言われている社会科です。私が小学生の時も言われていましたが，いつまで言われるのか…。

ただ，それは，用語を覚えるような授業になっているからです。「710年平城京」と言えるよりも，「あ～なって，だからこうなって～，ってことはこうなるかもしれなくて～，平城京に移った」と話せる方が，力があると言えるのではないでしょうか。

過程・背景がわかってこそ

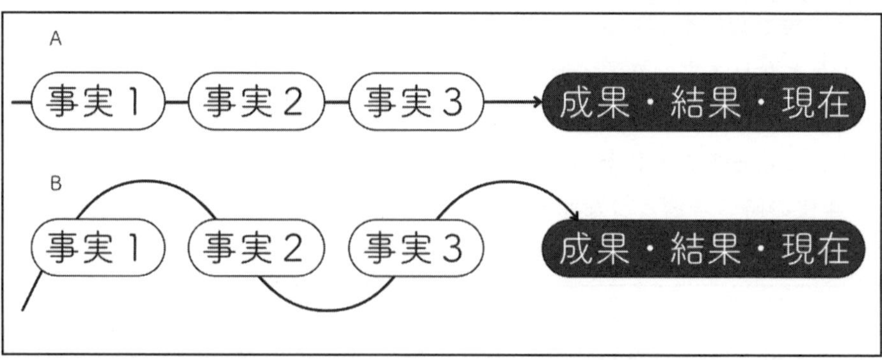

上のＡとＢの図は，どちらも同じ学習内容とします。Ａは，事実だけを追っていき，成果・結果・現在に行きついたことを示しています。Ｂは，事実の過程や背景に何があったかを突き詰めながら，成果・結果・現在に行きついたことを示しています。

社会科の学習では，Ｂのような学習が非常に重要です。確かに，Ａのような学習でも，テストで点数を取れます。あるいは，重要語句を覚えることができます。**しかし，過程や背景にこそ，社会科の魅力が詰まっているのです。**

上の板書は，４年生での授業です。多くの人々に水を供給するため，ダム建設をすることとなったが，ダム建設のためには，ある村がダムの底に沈むという事実の背景にあった人々の思いに迫る授業です。事実だけなら，「水の供給のために，ダムを建設した。ダム建設のために，転居した人々もいた」となります。しかし，立ち退いた人々には，「先祖から受け継がれてきた土地を守りたい」という強い思いがありました。実際に，石碑や詩も残っています。

このように，事実の過程や背景には，人々の思いや願い，努力といったものがあり，それらに出会える教科が社会科なのです。

プラスα

過程や背景を見える化する方法は，何も板書だけではありません。最高の見える化は，当事者にゲストティーチャーとして話していただくことだと思います。対面できなくても，オンラインでつながることもできますね。その他にも，手記などの資料も有効です。ただ事実を把握するだけに終わるのではなく，その事実の過程や背景にあった人々の思いや願い，努力といったものを児童の目の当たりにさせたいものです。

06

「視点や立場の違い」を見える化する

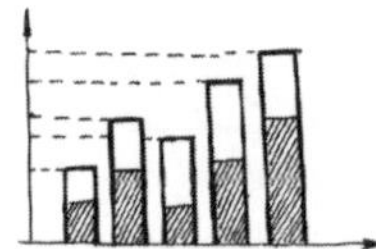

Visualization of Social Studies Classes

「異議あり！」「はい，○○さん」と裁判とまではいかなくとも，社会科の学習では，賛成？反対？，必要？不必要？，Ａ派？Ｂ派？などのように，考えが異なることが多々あります。ましてや「農家さんなら…」「経済面からすると…」と，どの目線で考えるかでも変わってきます。まさに，社会的な見方・考え方を育むためには？　につながる部分ですね。

事象から複数の立場に気づく

＜ポイントカードのメリット＞
Ａ割引などのサービスを受けられる　Ｂ買った分だけ，ポイントが貯まる
Ｃ住所，年齢などがわかる　Ｄ現金を持たなくてよい

５年生の社会科「情報を生かして発展する産業」を例に紹介します。上のＡ～Ｄは，児童が調べたポイントカードのメリットです。Ａ～Ｄの中に仲間はずれがあります。どれでしょうか？　…答えは，Ｃです。

どれもポイントカードのメリットであることは共通していますが，Ａ，Ｂ，Ｄは，消費者側のメリットです。Ｃは，販売側のメリットです。

＜ポイントカードのメリット＞

○消費者側	○販売側
Ａ割引などのサービスを受けられる	Ｃ住所，年齢などがわかる
Ｂ買った分だけ，ポイントが貯まる	
Ｄ現金を持たなくてよい	

このように見える化されたなら，視点の違いがわかりやすいのではないでしょうか。児童からすれば，１つ目の見える化の場合，ポイントカードのメリットであることは理解できますが，消費者の視点か販売者の視点かを意識することはありません。少しの違いではありますが，**視点や立場の違いを見える化することで，児童は事象を多角的に捉えられるようになります**。

以上のように，調べる事象によっては，情報が誰の目線であるのかをはっきりさせることが大切です。教師が整理してもよいですし，児童と整理して思考を促すのもよいですね。

事象を多角的に捉え，思考を深める

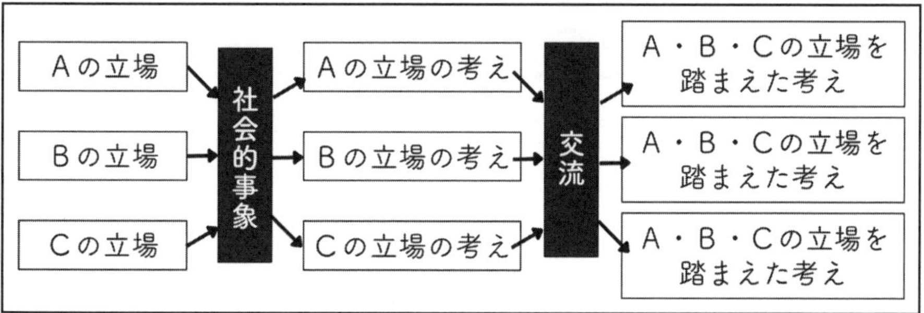

児童が一面的に社会的事象を見るのではなく，多角的な面から考えることで，よりよい納得解につながり，思考は深まっていきます。そのためには，違う立場の児童同士で対話をするなどの交流が必要です。しかし，そもそも児童が複数の立場の存在に気づかなければ，児童が複数の立場や意見を踏まえて考えることはできません。だからこそ，どのような立場があるかを視覚的に示す必要があるのです。

この項目の最初に，賛成？反対？　必要？不必要？　Ａ派？Ｂ派？　などのように，いくつかの立場を紹介しました。教師から投げかけてもよいのか？　と感じるかもしれませんが，社会的事象を多角的に考えることをねらいとしている場合は，教師から提示することも手立ての１つです。

「立場の変容」を見える化する

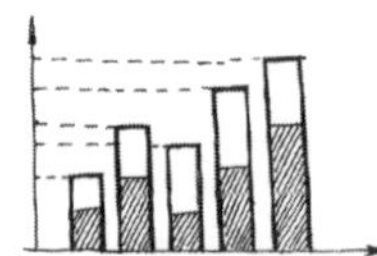

Visualization of Social Studies Classes

運動会のお弁当で「唐揚げ弁当」と「のり弁当」だったら，どちらがいいですか。「よし，のり弁当だ」と決めた後に，「今だけ，唐揚げ20％増量らしいよ」と教えてもらったら，「やっぱり唐揚げ弁当だな」…みたいな経験はありませんか？

立場が変容することを認める

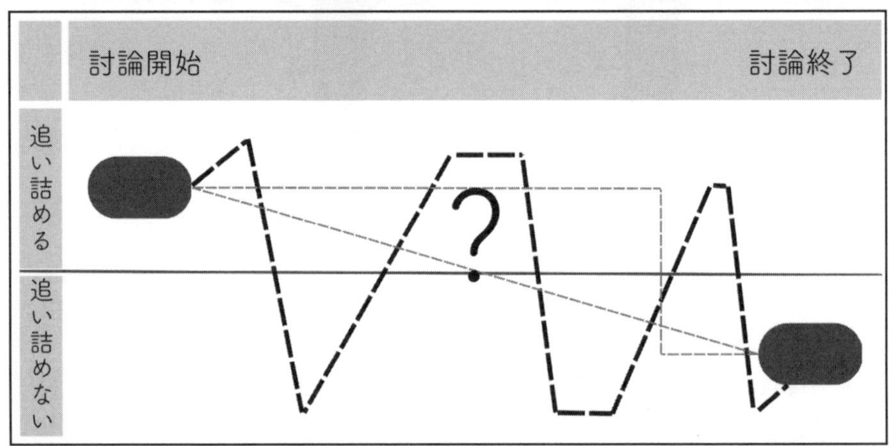

ネームプレートを使って，自分の立場を示しながら討論をする実践が多くあります。わかりやすいので，今回は，ネームプレートを使った実践を例に紹介します（※ネームプレートを使えばよいということではありません）。

児童は，友達の意見を聞いて，「え！　そんな事実があったの⁉」と，自分だけでは見えていなかった点に気づくかもしれません。あるいは，「なるほど。そうも言えるか！」と考え方が変わることもあるでしょう。このような思考が働いていると「ちょっとネームプレートを動かしたいな」となります。

自分の立場が変わるということは，その児童の頭の中で，左ページの図のような，何らかの思考の揺らぎや変化があったということです。もちろん，立場が変わらないからダメだということではありません。立場が変わらない児童も，より自分の立場に確信をもつようになっているかもしれません。ただ，図のように，授業中に児童は何度も考え直しているということです。そして，**立場の変容の様子を児童自身がふりかえることに大きな意義がある**ということです。

「あの時は，ああ考えていてＡにしてたけど…」

「あの子の発言で，違うなと感じてＢに…」

というように，児童の頭の中は多角的に働いているのではないでしょうか。

プラスα

ICT 機器の活用によって，立場の変容の様子が捉えられやすくなりました。ネームプレートの動きをタブレット端末で行うのです。児童は，リアルタイムに立場を変容することができます。スクリーンショットをすれば，記録としても残せます。また，児童からすれば，自分の発言によって友達の立場に変容があれば，友達の思考に影響を与えたことが見えるので，自分の発言に価値が感じられます。さらに，児童のノートと教師が記録しておいたスクリーンショットを照らし合わせていくと，「どの児童の発言が大きな影響を与えたのか」「最初と結論は変わっていないが，スクリーンショットから，立場が揺らいだ上での結論である」などの視点を踏まえて評価を考えることもできます。

「見える化」すべき９つのコト・モノ

08

「特徴」を見える化する

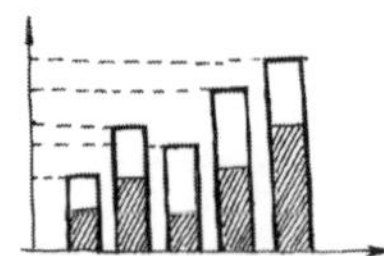

Visualization of Social Studies Classes

24時間営業しているお店！　わたしたちの地域で受け継がれるお祭り！　他の地域と比べて平均気温が高い地域！　前例にないことをした偉人！　といったように社会科で学習している内容には，特徴があるのです。**社会科は「なぜその特徴があるか，その特徴をどのように生かしているかを学んでいる教科だ！」**と言っても過言ではありません！

 資料から「〇〇ならでは！」を

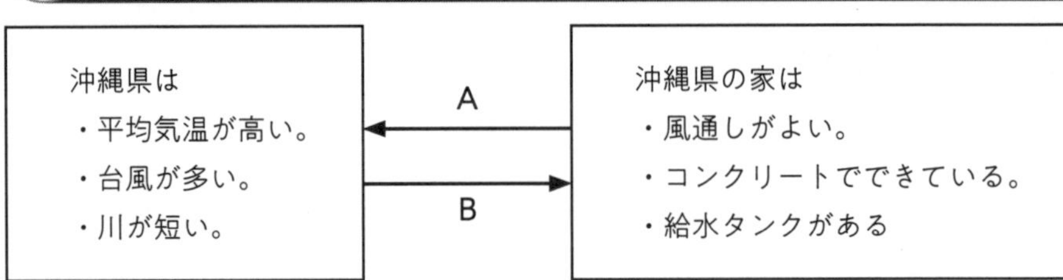

今回の例では，資料から「沖縄県ならでは！」を見える化します。「沖縄県の特徴を見える化する」というよりも，「見える化せざるを得ない」というニュアンスになります。

例えば，５年生の「あたたかい土地のくらし」では，沖縄県を教材に気候や地理的環境を生かしたくらしについて学んでいきます。上の図のように，ＡとＢの大きく２つの学習の道筋があります。Ａでは，沖縄県の家の様子などを様々な資料で調べるはずです。すると，自分たちとの家などとの違いから，「なぜ，このような家のつくりになっているのだろうか」という学習になります。人々の生活の様子から沖縄県の特徴，という流れです。一

方，Ｂの学習です。沖縄県に台風が上陸している映像や年間平均気温のグラフ，地図帳などを調べ，「沖縄県の人々は，どのようなくらしをしているのだろう」という学習になります。沖縄県の特徴から人々の生活の様子という流れです。どちらでも，沖縄県の特徴を学んでいくことになります。

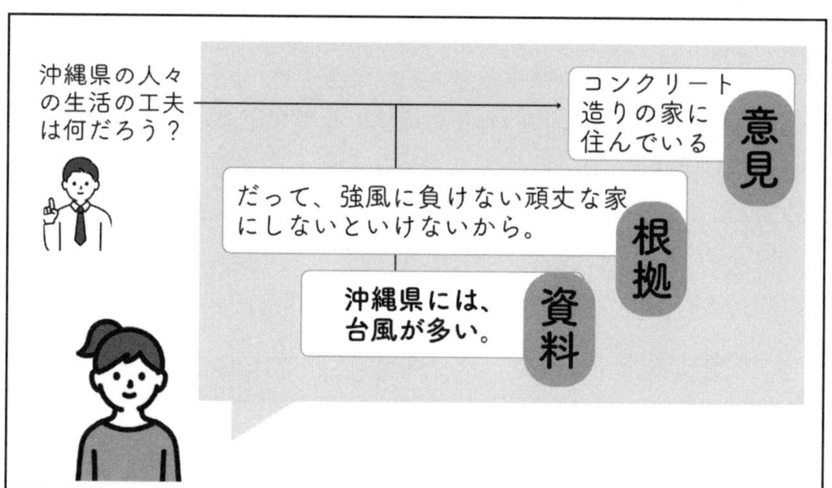

プラスα

上の図のように，資料から読み取った特徴と児童の考えをつなぐのは，根拠です。この根拠となる部分が，資料から読み取った特徴に基づいたものになっていることが重要です。図のような教師の発問に対して，児童が「コンクリート造りの家に住んでいる」と答えた場合に，「どうしてそれが工夫と言えるの？」と問い返します。この問い返しに対して，「強風に負けないように」と根拠で述べられるか，あるいは，資料自体を根拠に「台風が多いから」と述べられるかは，教師が注意深く聞きたいところです。もし，「木造だと危ないから」を根拠にした場合，「最近，木造の家は減ってきているから」というように，資料を踏まえず話している可能性がありますので，注意が必要です。

09

「ふりかえり」を見える化する

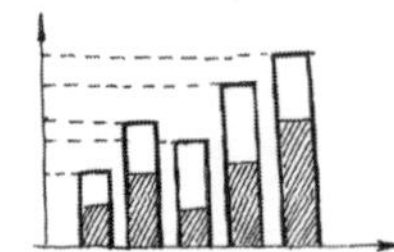

Visualization of Social Studies Classes

「ふりかえりが重要」と言われています。なぜでしょうか？　様々な理由が言われていますね。私は，「ふりかえりを見える化した方がよい」と考えているので，ノートや文書データでふりかえりを児童に見える化させています。

児童にとって

「学習指導要領解説　社会編」には第４章　指導計画の作成と内容の取扱いにて，「（児童が）学習したことを振り返り，学習成果を吟味したり新たな問いを見いだしたりすること，さらに，学んだことを基に自らの生活を見つめたり社会生活に向けて生かしたりすることが必要である」と書かれています。なんか…難しく感じませんか？（笑）

私は，学習指導要領の言葉を，自分の言葉で解釈するようにしています。上記の部分は「子どもが学んだことをふりかえる中で，こう学んだなーとか，思っていたのとは違ったなーなどというように感じる。その上で，納得したなーと結論づけたり，あれ？　と気になったりする。そして，学んだことをもとに，じゃあ，自分だったら…と考えてみる」という感じです。

前置きが長くなりましたが，ふりかえりは，この学習指導要領に沿ったことを児童が感じられていることが重要です。例えば，「前回に比べて，社会科の言葉を使えるようになったな」「友達との意見を聞いて，考えが変わったな」「自分だったら，賛成だな。なぜなら〜。でも，嫌な気持ちもわかるな。だって〜」というような記述です。前回や友達の考えと比較するため，

自分の考えを整理するためには，ふりかえりを視覚的に残しておくことが効果的なのです。ここにふりかえりを見える化する価値があります。そして，このよさを児童が理解できると，ふりかえりに対して負の感情を抱く児童は極端に減ります。むしろ，ふりかえりに一生懸命取り組むようになります。

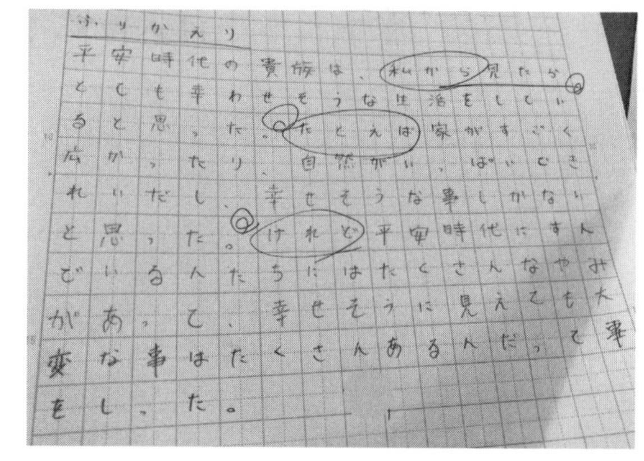
ふりかえり
平安時代の貴族は、私から見たらとても幸わせそうな生活をしていると思った。たとえば家がすごく広かったり、自然がいっぱいできれいだし、幸せそうな事しかないと思った。けれど平安時代にすんでいる人たちにはたくさんなやみがあって、幸せそうに見えても大変な事はたくさんあるんだって事をしった。

教師にとって

教師にとっても，児童のふりかえりを見える化しておくことは非常に有効です。児童の学習状況を知る１つの材料になるからです。例えば，ふりかえりをもとに，「この部分に気づいていないから，このような資料を提示してみようかな」「A さんとＢさんは，考えが同じだけれど，根拠が違うな。次に交流する時は，同じグループにしてみようかな」「C さんの問いは，全体で共有してみようかな。いや，D さんと交流することで，解決できるのではないかな」というように，指導の改善に生かせるからです。

私は，教材研究の時に，大まかな指導計画を立てます。しかし，単元が進んでいくと，調べる時間を増やしたり，資料を個別に渡したりすることがあります。また，上記のような理由から，児童が交流する相手を指定することがよくあります。これらの判断の主な理由は，児童のふりかえりからです。

このように，実際に授業をしていると，指導計画のとおりに進まないことの方が多いと思います。その時に，ふりかえりは，どのように改善するかを考える材料になります。そのため，私は，ふりかえりを見える化しておく必要性を感じています。

Column 01

一斉指導はダメなのか？
「子ども主体」をどう見る？

「どうしても一斉指導の授業になってしまいます。どうすればよいですか？」

よく質問されます。みなさんなら，この質問に，どのように回答しますか。

私は，「子どもに力がつく，子どもの力が伸びるのであれば，一斉指導でもよいのではないですか？」と返しています。

社会科に限った話ではなくなるかもしれませんが，一斉指導になりやすいとされる社会科を例にしながら，授業について考えてみます。

最近の風潮なのか，「一斉指導の授業はよくない！」という向きが教育の世界にはある気がします。確かに，教師が「Aをしなさい」「Bは違います。Cなのです」というような授業には，私も疑問を感じます。しかし，私は「先生が前に立って授業をすることや一斉指導の授業は終わりだ！」なんて思いません。一斉指導でも，素晴らしい授業はたくさんあるはずです。

では，この風潮は何なのか？　それは，「子ども主体」として授業を見直す動きがあるからだと思います。私も，「子ども主体」であることには，「その通りだ！　主役は子どもだ！」と，とても共感しています。ただ，「子ども主体」というのは，教師は何もせずに，とにかく子どもが動いているというものではないはずです。また，全員が着席して，黙って黒板の方を向いている授業は，子ども主体ではないというように，学習の方法や形態だけで判断できるものではないと考えています。

キーワードが溢れてきていることも関係しているかもしれません。学び合い，個別最適化，自由進度学習…などです。どれも素敵な実践ですし，私自身も取り組んでいます。けれども，これらのキーワードだけが先行してしまい，「教師は，ニコニコして子どもを見守っている感じだけど，子どもにどのような力をつけているの？」「あの子が，うまく学べていないのは，学べていないことを学ぶのです。自己調整学習です」と見守っていただけの教師が言い切ってしまうケースがあります。「子どもはたくさん動いているけれど，何を学んでいるの？」「え！　たくさん話していたでしょ？」「…で，何を学んでいるの？」という授業になっているケースもあります。はたして，これらの授業は，子ども主体の「学び」なのでしょうか。

では，子ども主体の学びとは？　という話になってきます。私は，何も新しいことではないと考えています。**子どもが一生懸命に考え，教師，友達と一緒に教科の本質に迫っていくこと**です。

まず，いい加減にではなく，一生懸命に考えるのです。そのためには，子どもが関心を抱く問いが必要です。だからこそ，子ども自身が，そのような問いをもてるように，教師が支援する，鍛えるのです。一生懸命に学習していくからこそ，子どもは何を学んだのか，なぜうまくいったのか，何が足りなかったのか等をふりかえるようになるのです。教師は，ふりかえることの重要性を価値づけるなどの支援をします。このような学習は，多くの先生たちが，これまでも努力し続けてきたことです。当然のことながら，友達と学んできたことも，これまでと同様です。

次に，教科の本質に迫るということです。社会科では，すべての授業で「社会的な見方・考え方を働かせ，課題を追究したり解決したりする活動を通して，グローバル化する国際社会に主体的に生きる平和で民主的な国家及び社会の形成者に必要な公民としての資質・能力の基礎の育成を目指す」ことです。1つの授業で言えば，学習目標です。教師は，学習目標を目指して授業を行うのですから，これまでと同様に，「どのような力を育もうとしているのか」という点は，これからも欠かすことのできない視点なはずです。子どもが活発に活動していたとしても，私は，「学び方を見つめ直した」「たくさん話していた」という点だけで授業を捉えては,「学び」としては不十分だと思うのです。

話を戻します。いわゆる一斉指導と言われる学習形態でも，子どもが「あれ？」と感じ，調べてみると「そういうことか！」と気づいていく。さらには，友達と交流すると「そんなふうにも考えられるのか！」と見方や考えが増え，「要するに…こういうことか！」と自分の言葉で整理できるようになっていく。教師は，子どもが関心をもつような発問をする。「どうしたの？」と机間指導で支援する。場合によっては，「こんなのはどう？」と提示する。このような授業は，子ども主体の学びと言えるのではないでしょうか？

もちろん，一斉指導でなくとも，よいと思います。先程例示したようなキーワードを取り入れた授業も，素晴らしい実践が数多くあります。例えば，子どもが個々に問いをもって，それぞれのツールで学習を進めていくこともあるでしょう。その中で，教師の「どういうことか詳しく教えて」という言葉かけで根拠が強化されたり，友達との対話で「じゃあ，こんなふうにも…」と見方が広がったりしていき，それらを自分らしい方法でふりかえりにまとめられるようになっていく授業も，子ども主体の学びではないでしょうか？

教師の間違った方向性へのこだわりは，「みんなと過ごせて，授業が楽しかった」「楽な授業だった」という子どもの感想を引き出せることでしょう。**しかし，子どもの学びが疎かになってはいないでしょうか。子どもの成長を願う教師がこだわるポイントは，そこなのでしょうか。**

私は，子ども主体という言葉から教師がこだわるポイントは，「子どもは主体的に学んでいるのか」だと思うのです。どのような学習形態や学び方であっても，何のためなのかを忘れてはいけないのではないでしょうか。

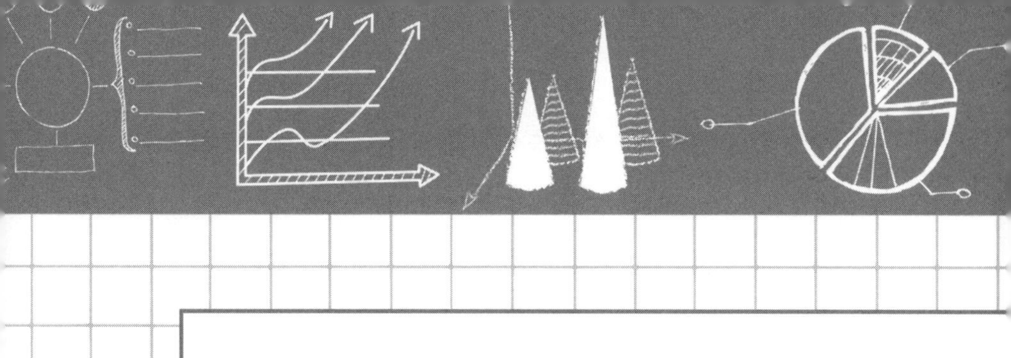

第3章

気づき・問い・対話を引き出す「見える化」の技術

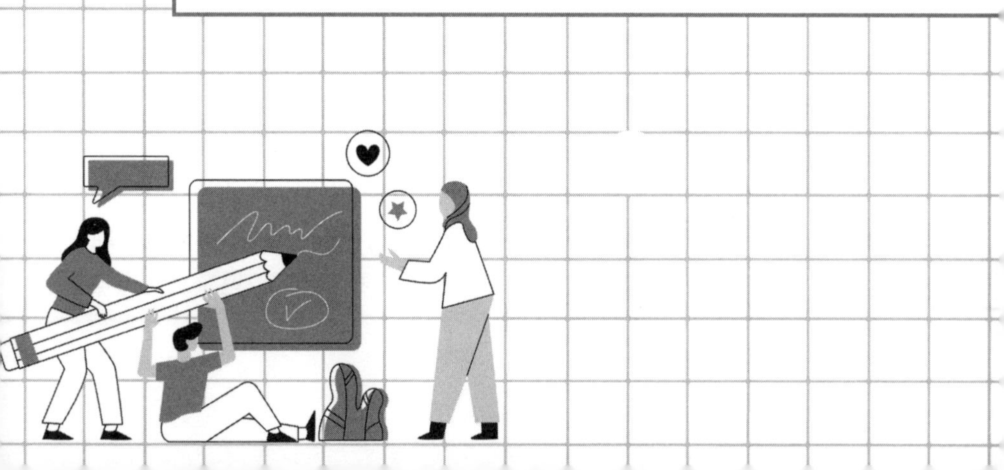

色づけする

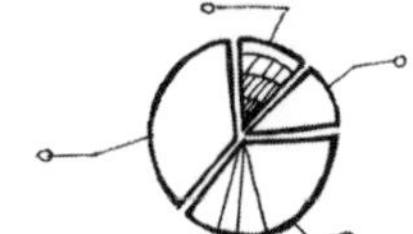

Visualization of Social Studies Classes

色づけによる見える化で３つの効果があります。
強調，分類，ツールに意味づけです。

強調

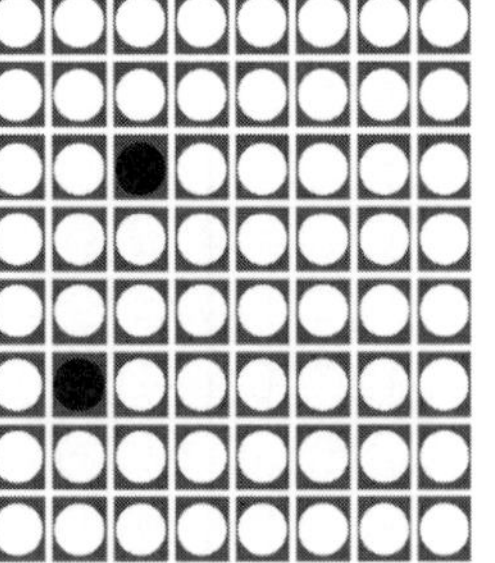

右のオセロでは，黒色は何枚ですか？　２枚ですね。これが強調です。色をつけて，他と違うようにすることで，色がついた部分を強調することができます。重要語句を示す時などに使うと有効です。

分類・仲間分け

運動会では，赤組と白組に分かれて競い合います。もとは同じクラスですが，赤と白の色をつけることで，２つに分けることができます。このように，色をつけることによって分類・仲間分けができるのです。

例えば，４年生のごみの学習で，前時に，学校から出るごみをノートに調べてきたとしましょう。そこで，「前時で調べてきたことを，燃えるごみは赤色，燃えないごみは青色，缶・ビンは黄色，その他は黒色で囲みましょう」と指示を出します。すると，ノート上で，ごみの分別が行われます。児童は，どの種類のごみが多いかを一目で捉えることができます。

また，いくつかの事象を比べている授業などで，「共通点を赤色で囲みましょう」「違うところを青色で囲みましょう」とすれば，児童が共通点や相違点に気づくこともできます。

Point3

ツールに意味づけ

色づけの技術は，ツールに意味をもたせる効果もあります。下の授業は，消防設備がどこにあったのかをまとめた時のものです。

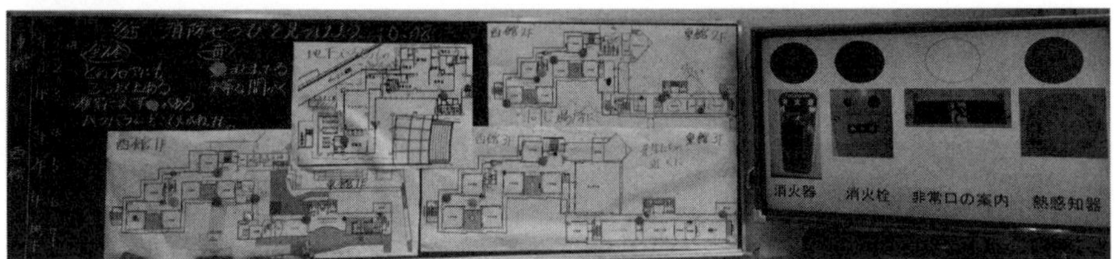

マグネットの色に，消火器＝赤色，消火栓＝青色，非常口の案内＝黄色，熱感知器＝緑色というように，意味をもたせるのです。その他にも，賛成・反対の意見，暖かい・寒い地方に関連する内容で色をつけるなど，二項対立と関連させることもできる技術です。

色づけの技術は，児童自身が使いやすい技術です。経験を重ねれば，児童が自主的に色づけ技術に取り組むようになります。

どんな時に有効？

・重要語句を強調したい時。
・具体的な事実を強調したり，分類したりする時。
・共通点や相違点に気づかせたい時。
・ツールに意味をもたせたい時。

矢印を活用する

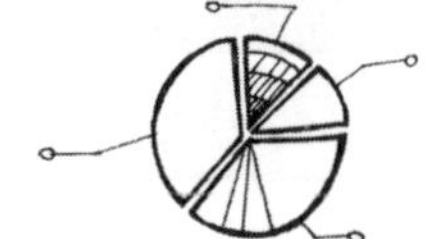

Visualization of Social Studies Classes

何気なく使ってしまうことの多い矢印ですが，矢印によって何を見える化しているかを意識していますか？

Point1 A → B

変化	原因	→	結果
移り変わり	過去	→	現在
移動	出発	→	到着

矢印で見える化できるものは，非常にたくさんあります。しかし，大きく分けると上の３つになるかと思います。

「Ａだったものが，Ｂに変わる」というものは，「1970年の大阪万博の開催によって，インフラが整備された」というような**①原因**と**②結果**を表すことができます。すると，「どのように変わったのだろう？」という問いにつながります。または，「以前はこうだった大阪の街が，数年後にこうなった」というような移り変わりを表す場合もあります。この場合だと「大阪の街が変わったのは，どうしてだろう？」という問いにつながります。同じ教材でも，矢印による見える化によって問いが変わるから面白いです。

３つ目は，人や物の**③移動**を視覚的に表現する方法です。どこからどこへ移動したのかを示すことができますし，矢印の太さを変えれば，どれだけの量が移動したのかも見える化することができます。５年生の貿易の学習では，大活躍する見える化技術です。

Point2

順序の見える化

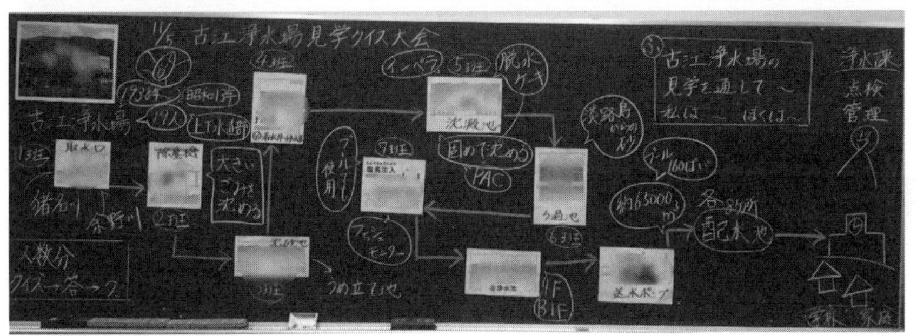

４年生の「浄水場を見学して」の学習を例に紹介します。浄水場に見学に行った後，どのような順で，どのような設備があったかを整理した授業です。矢印によって，左から右に，川の水が浄水場内の施設を順番に通って，美しくなっていることがわかります。番号でもよいのでは？　と感じる先生もいるかもしれませんが，児童は，矢印で示す方が全体像をつかめます。また，この浄水場は３階まであり，矢印を用いることで，屋上まで水が吸い上げられている様子を表すことができました。

順序を表す矢印については，手順を説明するだけでなく，Point1の変化と組み合わせると「Ａによって Ｂになる」→「Ｂによって Ｃになる」というように段階的に思考させたい時にも有効です。

どんな時に有効？

- 変化，移り変わり，人や物の移動を視覚的に捉えさせたい時。
- 全体像をつかませながら順序を視覚的に捉えさせたい時。
- 段階的に思考することを促したい時。

児童の学ぶ姿を切り取る

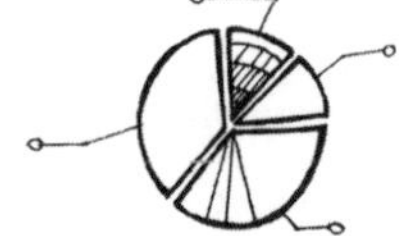

Visualization of Social Studies Classes

児童は，自分で自分の様子を見ることができません。授業の冒頭や結末で，一生懸命に学んでいる児童の姿を見える化するのです。すると…。

一生懸命に学んでいる児童の姿を映す

児童が一生懸命に学んでいる姿を伝えることは，非常に有効です。児童からすれば，教師が頑張りを認めてくれる安心感になります。すると，認めてもらえる嬉しさから，学習意欲の向上にもつながります。よい循環です。さらには，「共に学ぶことは素晴らしいことだ」という価値づけが積み重なっていくと，**自然と「共に学ぶことは楽しいもの」という風土ができてきます**。私は，このような積み重ねも社会科好きを増やす手立ての１つだと考えています。そこで，どのような学びの姿を見える化するかを紹介します。

Ａの写真では，児童が食い入るように資料を覗き込んだり，実際に資料に触れたりしています。「もっと見たいな，触ってみたいな，というように，資料に興味をもつことから社会科は始まるんだよ」と児童によく話します。

Ｂの写真では，児童が教科書を活用しながら説明しています。「言葉だけでは伝わらないことってあるよね。自分が使っている資料を示しながら，説明することは，聞き手の立場になれる人だね」と紹介します。このような声かけがないと，児童はなかなか資料を使いながら説明をしないものです。自分がわかっているので，聞き手に伝わっていると無意識のうちに思ってしまうようです。ぜひとも，取り上げたい場面です。

Ｃの場面では，聞き手を取り上げます。「友達から学ぼうとする姿が素晴らしいし，友達が話しやすいように屈んだり，前のめりになっていることが素敵だね」と伝えます。学級全体に友達に伝えることへの安心した雰囲気が育ちますし，話し手を意識して聞く力も育ちます。

Ｄの場面は，都道府県カルタをしている様子です。「ゲームでも，全力で楽しんで学ぶ」ことも伝えます（笑）。

どんな時に有効？

・児童に学び方や共に学ぶ素晴らしさを伝えたい時。
・学びの風土を醸成したい時。
・対話の価値を伝えたい時。

資料を比較して焦点化する

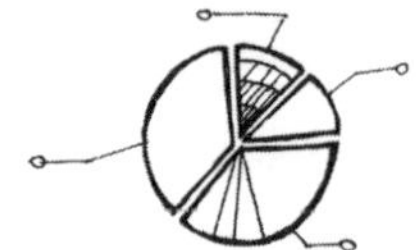

Visualization of Social Studies Classes

学習内容によっては，教師が「この資料の中のここを見てほしい！」と思う時があります。児童に疑問をもたせたり，児童の思考を深めたりする場面などでは，特に思うことではないでしょうか？　だからといって，資料を提示しながら「ここが変でしょ！」と言うのは，あんまりですよね（笑）。

そこで，児童が見えていない資料のポイントを見える化する技術を紹介します。

Point1 資料の比較

３年生の「店ではたらく人びとの仕事」を例にしましょう。

スーパーマーケットで売られているキャベツと畑から収穫した直後のキャベツ，八百屋で売られているキャベツの様子は，違います。スーパーマーケットのキャベツは，外側の葉が取り除かれていたり，袋に包まれていたりします。スーパーマーケットのキャベツだけを提示した場合，児童の教材への関心は高められますが，問いをもったり，販売者の工夫への関心が高まったりすることはありません。

そこで，**資料を比較できるようにする**のです。スーパーマーケットのキャベツに加えて，畑のキャベツを提示すると，児童は「スーパーマーケットのキャベツが袋に包まれているのは，どうして？」といった販売者の工夫に注目するようになります。八百屋で売られているキャベツを提示すると，児童は「八百屋は，どうして袋で包まないのだろう？」といったお店ごとの販売者の工夫の違いに注目するようになります。どちらも資料を１つ追加しただけですが，比較することによって，違いが見える化されているのです。また，見える化されていることによって，児童の問いが変わってきます。

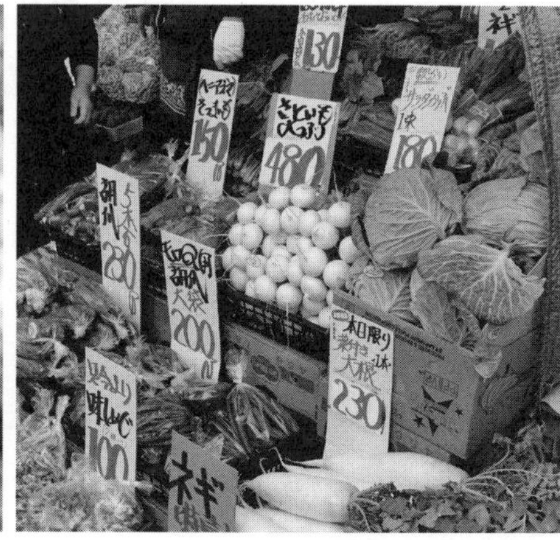

スーパーマーケットの野菜コーナーと八百屋との違いを比較

Point2

資料を比較する時の発問

上のスーパーマーケットの例のように，資料の比較を促すと，児童は相違点に注目します。もちろん，「どこが違う？」と教師から発問してもよいでしょう。一方，「どこが同じ？」と発問することもできます。畑で収穫直後のキャベツと八百屋のキャベツを提示し，「どこが同じ？」と発問すると，「あんまり変わらない」「もっときれいにした方がよくない？」「採れたての新鮮さをアピールしているんだよ」「人手が少ないから，やってないんじゃない？」といった対話が生まれます。指導の工夫ですね！

どんな時に有効？

- 資料で注目させる部分を焦点化し，児童に問いをもたせたい時。
- 資料で注目させる部分を焦点化し，児童の思考を深めたい時。

05 資料を拡大して焦点化する

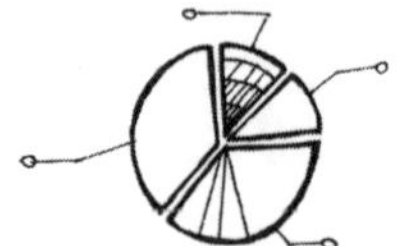

Visualization of Social Studies Classes

前項に続き，児童が見えていない資料のポイントを見える化する技術を紹介します。６年生の「江戸幕府による政治の安定」を例にしましょう。

この単元では，大名行列の様子が資料に用いられることが多いです。この資料は，① たくさんの人が参加している点，② 様々な役割の人がいる点，③ ①と②から多くの費用がかかる点などを読み取ることができます。

Point1 

資料の一部を拡大

児童が主体的に①や②を調べる手立ての１つとして，資料の一部を拡大することが有効です。大名行列には100人以上の人々がいますが，はじめは一部の３人だけを提示します。そして徐々に資料を縮小していき，全体像が見えるようにしていきます。

T　何を身につけていますか？（大名行列の内の３人を提示）
C　刀，服装は着物，足袋。
T　最初の３人と違うところは？（資料を少し縮小して５人程度を提示）
C　馬に乗っている。弓矢を持っているのかな？
T　何人いますか？
C　え？　５人？
T　５人ですか？（資料を少しずつ縮小し，全体がわかるようにしていく）
C　え!?　え!?　数えるから待って!!

このようなやり取りをした後は，何人いるのかを数え始めたり，「医者みたいな人もいるよ」と言い始めたりします。資料に夢中です（笑）。

確かに「この資料を見ましょう」という一言だけで調べ始めることもできます。しかし，「なんか…いろんな人がたくさんいる」といった読み取りになってしまいがちです。

資料を拡大することによって，児童の資料への熱量に大きな違いが生まれます。ポイントとしては，①と②を読み取らせたいので，大名行列と気づかせる前に，ちょっとしたやり取りによって，児童が人数や服装，持ち物などに注目できるようにすることです。すると，児童の気づきが「いろんな人」ではなく，「弓矢を持っている人」「かごで誰かを運んでいる人」となり，「たくさん」ではなく「100人以上いる」「473人いる」となります。**なんとなくにしか見えていなかったものが，具体的に見られるようになっている**のです。それは，具体的な知識を増やしていくことにつながります。

全体をいきなり提示すると
どこを見ればよいか
わかりにくい
まずは拡大して提示
だんだん広げていくことで
思考を促す

※実際の授業では実物を提示

どんな時に有効？

・資料で注目させる部分を焦点化し，児童の気づきを具体的にしたい時。

06

資料を隠して焦点化する

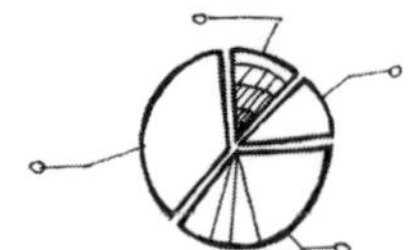

Visualization of Social Studies Classes

前項に続き，児童が見えていない資料のポイントを見える化する技術を紹介します。５年生の学習を例にしましょう。

５年生の学習では，他の学年と比べて，グラフの資料が圧倒的に増えます。今回，紹介する見える化技術は，写真や絵図のような資料でも使える技術ですが，グラフ資料の時にこそ活躍する見える化の技術です。

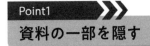

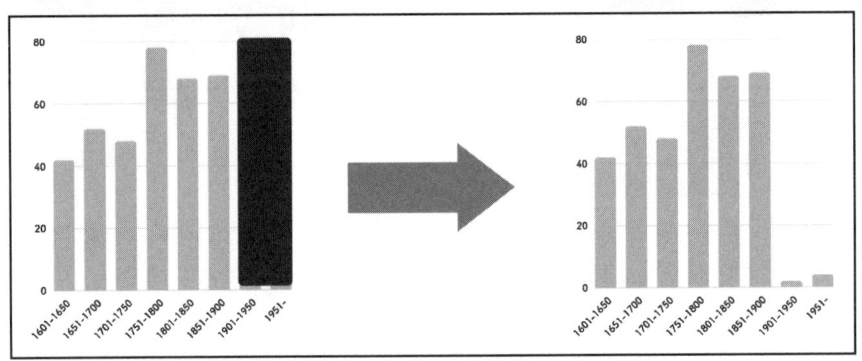

グラフは国土交通省中部地方整備局 木曽川下流河川事務所資料をもとに作成

「低い土地のくらし～岐阜県海津市～」の学習における水害の発生回数の移り変わりを表す資料です。児童が資料と出合う時には，左のように1901年以降を隠して提示します。すると，児童は自然と「また増えているのではないか？」「少しずつ減ってきているんじゃないかな？」と予想し始めます。

そこで，右のように隠していた部分を提示すると，「えー⁉」という驚きとともに，1901年に注目し始めます。当然のことながら，児童は「どうして，1901年以降に水害が減ったのかな？」「1901年に何があったのかな？」と呟き始めます。これらは，**資料の一部を隠したことで，児童が「これまでは水害が多く発生していたのに…なぜ」と，前提を覆されてしまい，問いが生まれる**のです。

Point2

資料のどこを隠すか

例えば，「高い土地のくらし〜群馬県嬬恋村〜」の学習では，嬬恋村を訪れる観光客数を表す資料（グラフ）が掲載されています。この資料では，上部を隠すように扱うと，児童は「８月の観光客数が極端に多いのは，なぜだろう？」というような問いをもつことでしょう。

「日本の主な自然災害」の学習では，宮城県の主な漁港の水あげ量を表す資料があります。この資料の場合には，年代を隠すように扱うと，まず児童は「宮城県の水あげ量が減ったのは，いつだろう？」というような問いをもつことでしょう。しかし，すぐに東日本大震災が関係することに気づくはずです。すると，「え？　東日本大震災って，漁業にどのくらいの被害を与えたんだろう？」という問いが生まれてきます。

このように，資料のどこを隠すかで，児童の問いが変わってきます。グラフの表題や数値を隠す，複数箇所を隠して徐々に提示するなどもできます。どのような問いをもってほしいかを考えた上で，取り入れてほしい手立てですね。

どんな時に有効？

・資料で注目させる部分を焦点化し，児童に問いをもたせたい時。

【参考】宗實直樹「社会科授業での視覚化」『小学校社会科の授業のユニバーサルデザイン』（教育出版ホームページ，2016）

資料をバラバラにして焦点化する

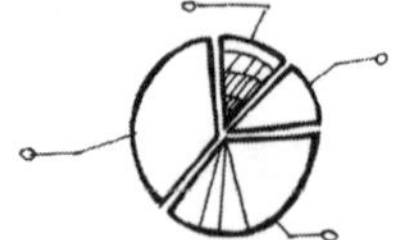

Visualization of Social Studies Classes

前項に続き，児童が見えていない資料のポイントを見える化する技術を紹介します。今回の見える化技術は，資料をバラバラにする技術です。

Point1 バラバラ→分類

４年生の学習「地域の発展に尽くした先人の働き」を例に考えてみましょう。

この単元は，各地域で取り上げられる先人が異なります。しかし，必ずと言ってよいほど先人の業績や生き方を示す年表が登場します。年表資料は，どうしても文字数が多くなるため，児童が好みにくい資料です。

大阪市では，淀川のつけ替え工事に尽力した大橋房太郎が取り上げられています。例にもれず，大橋房太郎の人生で起こった主な出来事を表す年表が掲載されています。

このような年表資料を扱う場合，「〇〇年を見ましょう」というように指示することもできますが，児童によっては，非常に困難な学習活動ですので，楽しくない時間になってしまいます。

そこで，年表資料をバラバラにして，その人物の行動を分類していくのです。すると，苦労したことや取り組んだこと，たくさんの協力を得たことなどといったことが見えてきます。

また，年代や年齢ごとに分けて，「20代は〇〇な人生」というようなキャッチコピーをつけるといった活動もできます。

Point2

バラバラ→正しい順に

次は，６年生の学習「元寇と鎌倉幕府」を例にしましょう。当時の様子を表す資料「蒙古襲来絵巻」は，元寇に対して，竹崎季長が勇敢に立ち向かったものの幕府から十分な恩賞が与えられず，訴える場面などが描かれています。

これらをいくつかの場面に切り分けて，正しい順に並び替える活動を行います。すると，児童は教科書の記述と資料を比べながら，元寇によってどのようなことが起こったのかを理解していきます。また，当時の武士が，ご恩と奉公の関係を重視していたかが見えてきます。

このように，ただ事実を押さえるのではなく，その事実の背景には，当事者たちにどのような思いがあったのかを考えることも重要な学習です。私は，資料の提示の仕方などの手立てによって，**児童が当事者たちの思いまで考えられるような学習**を心がけたいと思っています。

どんな時に有効？

・資料の見えない部分について，児童が深く考えられるようにしたい時。

社会見学の準備段階で

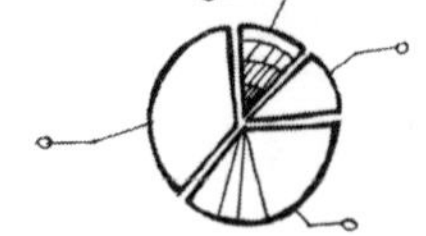

Visualization of Social Studies Classes

教師も児童も，社会見学を楽しみにしています。教師は「なるほどな～」と思いながら楽しみます。しかし，児童は，いつもと違う場所に行けることだけを楽しみにしている場合があります。これは，よくないですね…。

ここでは，児童の学びにつながる社会見学を行うための見える化を紹介します。

Point1 わかっていないことの見える化

あなたがよく使うスーパーマーケットで，入り口付近で売られている食材は，何ですか？　思い出してください。「レタス？」「トマト？」「お米？」「わからない…」となっているかもしれませんね（笑)。「これ！」と答えられる人は，意外と少ないのではないでしょうか？

社会科は日常生活に結び付いている教科だけに，何となくわかったつもりになっている場合が多くあります。そこを刺激して，児童にわかっていないことを自覚させるのです。

そのためには，「レタス？」というように，「？」をつけて見える化すると，「わかったつもり」になっていることが伝えられます。当然，「確認してみよう！」と見学の必要性が生まれてくるでしょう。

Point2 予想を見える化

わからないことを自覚させるためには，予想が有効です。３年生の「コンビニエンスストアを見学する前に」の学習を例に紹介します。

例えば，タブレット端末を使って，「どこにどの商品が置かれているか」を予想します。見える化することによって，児童は，そのように予想した理由を考えることができるようになります。これは，販売者の工夫を考えていることと同じです。

予想が視覚的にできあがると，答え合わせをしたくなります。ここまで児童が見学する対象に関心をもつことができると，何となく見学することがなくなります。

「やっぱりそうだ」「予想と違うな。どうしてかな？」と**自分の予想と比較しながら，児童が観点をもって見学できるの**です。

Point3

聞きたいことを見える化

社会見学では，多くの当事者と出会うことができます。児童も，直接インタビューをしたいと考えます。

しかし，突然，当事者を前に「質問してみましょう！」と投げかけても，児童は「何を聞こう？」となってしまいます。

そこで，事前に聞きたいことを整理しておきましょう。これもまた記録の効果を生かした見える化です。Point 1，2と同時に行うと，内容に沿った質問になります。また，教師が事前に質問内容を把握することができるので，質問内容が偏らないようにできたり，当事者と事前に打ち合わせたりすることもできます。

どんな時に有効？

- わかったつもりになっていることを自覚させたい時。
- 社会見学で観点をもたせたい時。
- 社会見学で児童が内容に応じた質問をできるようにしたい時。

社会見学の事後学習で

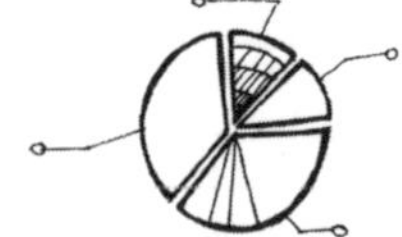

Visualization of Social Studies Classes

社会見学で学んできたことを生かさない手はありません。そのため，社会見学後には，ふりかえりの時間を設定すると思います。この時間は，調べてきたことを見える化していく時間です。調べてきたことを知識として定着させる，わかったことを生かして考えるなどがふりかえりの目的となります。今回は，これらの目的につなげる社会見学後におすすめの見える化を紹介します。

Point1

見学前の予想と比較しての見える化

教師が学習進度を優先して失敗しがちなことが，社会見学前の予想を「させっぱなし」で終わってしまうことです。若い時の私だけかもしれませんが…（笑)。非常にもったいないことをしていたなと感じます。

ワークシートや板書で，見学前と後の違いがわかるようにすると，自分の考えの変化を見える化することができます。例えば，ワークシートに見学前と後の記入欄をつくる，予想と見学してわかったことを色分けしてまとめる，見学前に記入したものに補足をさせるなどが考えられます。

Point2

相手意識をもたせた見える化

「見学してわかったことをまとめましょう」でも見える化（＝ふりかえり）することはできます。しかし，相手意識を設定すると，児童の学習意欲が高まるだけでなく，詳しい説明が求められることから具体的な内容までふりかえることができます。

3年生の学習「自分たちの町を紹介しよう」を例に紹介します。「転勤してきた先生に自分たちの町を知ってもらえるように，わたしたちの町CMをつくろう」と設定します。転勤してきた先生は，校区のことも知りません。きっと「自分たちにとっては，知っていて当然」のことまで，具体的にまとめることでしょう。

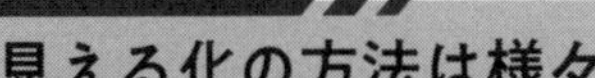

Point3

見える化の方法は様々

写真は，3年生の学習「消防署の見学を終えて」の板書です。調べてきたことをタブレットPCで簡単なクイズにしてまとめたものです。

社会見学の見える化（＝ふりかえり）の方法は，多様にあります。いくつかの方法を紹介します。学年の実態と学習内容に応じて，最適な方法を計画しましょう。

・新聞　・ＣＭ　・クイズ大会　・プレゼンテーション　・紙芝居
・広告　・パンフレット　・ポスター　・寸劇　・〇〇説明書
・漫才　・コメント入りアルバム　・〇〇解説動画

どんな時に有効？

・社会見学で調べたことを知識として定着させたい時。
・社会見学で調べたことを児童自身の力として活用させたい時。

10 学んだ内容を隠す／空白を残す

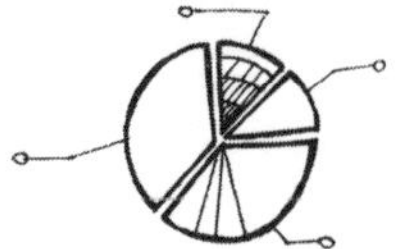

Visualization of Social Studies Classes

今回は，見える化しないことが見える化になる技術です。「ん？　何を言っているの？」となるかもしれませんね（笑）。

Point1 知識の定着場面で

A

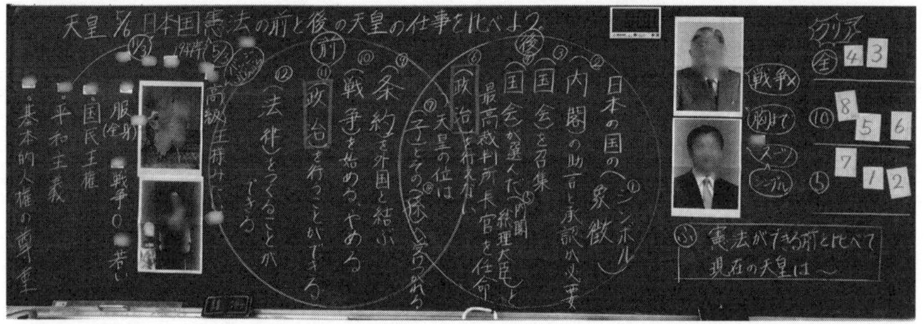

B

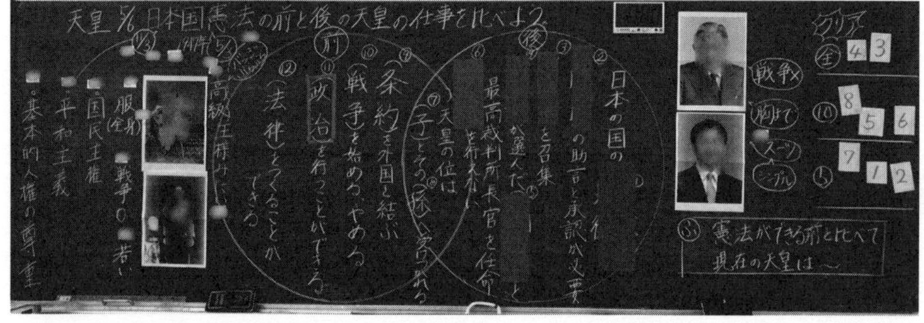

6年生「天皇の仕事」を例に紹介します。Aの板書は，日本国憲法施行

前の天皇の仕事と日本国憲法施行後の天皇の仕事を比べた時のものです。天皇の役割が変化していることに気づかせる授業です。

授業の終盤に具体的な知識の定着を図るため，Bの写真のように（　　　）の部分にマグネットシートなどを貼り付けます。見える化されていたものが隠されただけで，「何が書いてあったっけ？」と気になりませんか？

授業終末の５分程度の時間で，調べながら答えてもよい，できるだけ何も見ずに答えるというように段階的に行うと，楽しみながら学習の定着を図ることができます。

Point2
次時につなぐ

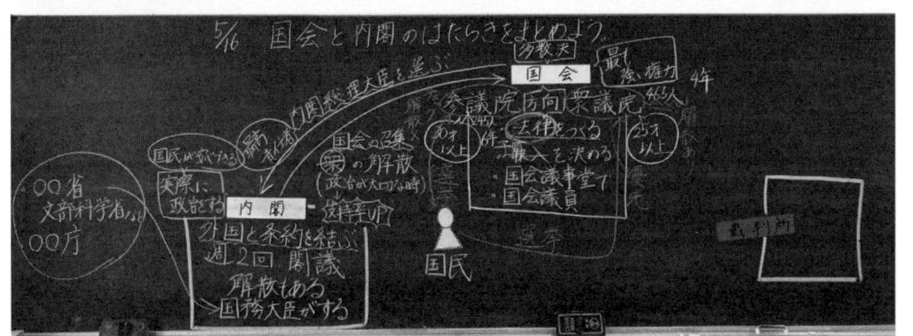

６年生の「国会と内閣のはたらき」を例に紹介します。**板書に，あえて空欄をつくることで，児童がまだ学習していないこと，理解が浅い部分を見える化できます**。上の板書から，「国会と内閣のはたらきについて調べてきたけれども，裁判所については，まだまだだ」ということがわかります。当然，児童は「裁判所について調べよう」と考えるはずです。

どんな時に有効？

・重要語句や具体的な知識などの定着を図りたい時。
・次時への見通しと期待感をもたせたい時。

全員の気づきや考えを生かす

Visualization of Social Studies Classes

児童全員の気づきや考えを見える化させる方法をいくつか紹介します。資料からたくさんの情報を読み取ったり，多様な考えがあってこその問いであったりする場合に有効です。

注意点があります。それは，「全員の気づきや考えを見える化した後，何をしたいのか」です。それぞれの気づきをたくさん出して，たくさんの情報を児童に捉えさせたいのか，それぞれの考えを比較や分類した後に発問を加えることで，児童に思考させたいのかといったことを考えておかなければなりません。それでなければ，「なんかいっぱい話し合ったな」「みんな，いろいろと考えたんだな」という深まりのない学習になってしまいます。

「児童に何をさせたいか」ではなく，**授業を通して「どのような力を育みたいのか」を忘れないように**しましょう。

Point1 

児童が黒板に書く

最もシンプルな方法です。児童が自分の考えを黒板に書いていくのです。活動上の注意は，同時に複数で書かなければ，時間がかかることです。私は，チョークをバトンのようにして列の数だけ児童が前に出るようにしています。もしくは，制限時間を決めて，気づいた児童からどんどん書きに来る方法です。また，黒板のどこに書かせるかもポイントです。箇条書きできるように〇印を人数分書いておくなどが，ちょっとした支援になりますね。他の児童と同じ気づきを書いてよいかどうかも，児童に伝えておくとスムーズに活動できます。

ホワイトシート

ホワイトシートの魅力は，手軽に書くことができること，すべての意見が出た後にホワイトシートを移動できるので比較や分類がしやすいことです。注意点としては，児童が書く文字の大きさを伝えておくこと，できるだけ短い言葉で表現するようにすることでしょうか。児童も使いやすく，構造的な板書とも組み合わせやすいので，おすすめのツールです。

ICT 機器

ICT 機器の魅力は，全員の気づきや考えを見える化するだけでなく，プラス α の要素が魅力です。例えば，全員の気づきや考えを一斉に提示することができたり，色分け機能などを使ったり，同じ資料に全員で書き込んだり，チャット機能などでリアルタイムにお互いの考えを更新し合ったり…などです。注意点としては，児童がツールに慣れるまでに時間がかかること，習熟度合いの差が出てしまうことです。これらを克服するには，ICT 機器を授業の中に，どんどん取り入れて1つの文具にしてしまう必要があります。社会科だけでなく，日常的に ICT 機器を使っていくことが第一歩です。

Point4

書かせ方に気をつける

書かせ方に注意しないと，ただの意見の列挙になります。思考を促したい場合はキーワードだけにする，などは大きなポイントになります。

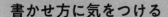

どんな時に有効？

・児童全員の気づきや考えを見える化したい時。

地図を生かす

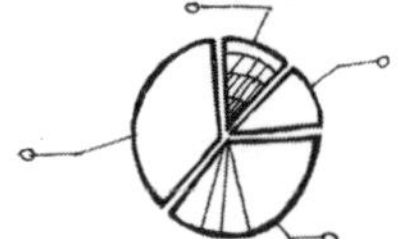

Visualization of Social Studies Classes

地図上での見える化により表せるものは，主に４つあります。位置関係・ルート・範囲・分布です。

Point1

位置関係を見える化する

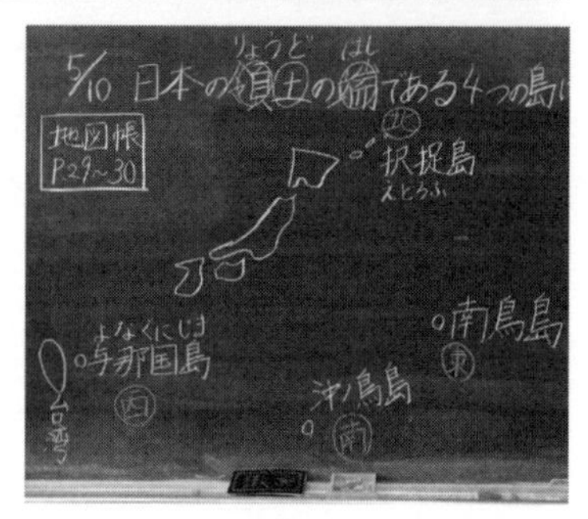

右は，５年生のオンライン授業の時の板書です。この授業では，オンライン上で，児童からの「先生，もっと南！」などの言葉に応じて，４つの島の位置を書いていきました。「沖ノ鳥島は，東京都心から約1700km 離れています」と言われても，ピンときませんよね。

でも，見える化すれば，一目でわかります。

Point2

ルートを見える化する

右は，６年生の源平合戦の時の板書です。源氏が平氏を東から西へ追い込んでいくことが視覚的に捉えられるようになっています。こちらも「源氏は，平氏を東から西へと追い込んでいった」では，イメージしに

くいのではないでしょうか。他にも，生産物の出荷ルート，輸出入品目のルート，遣唐使の航路などでも活用できます。

Point3

範囲を見える化する

地図上に範囲を書き込みます。例えば，日本地図を描き，その周りを囲みます。囲む範囲を変えることで，沖合漁業と遠洋漁業の範囲の違いを示すことができます。また，日本地図を色分けして塗ることで，気候の違いを示すことができます。都道府県や地方の範囲，戦国武将の領土の範囲，都市部とその他などの範囲も示すことができます。どの学年でも応用しやすいです。

Point4

分布を見える化する

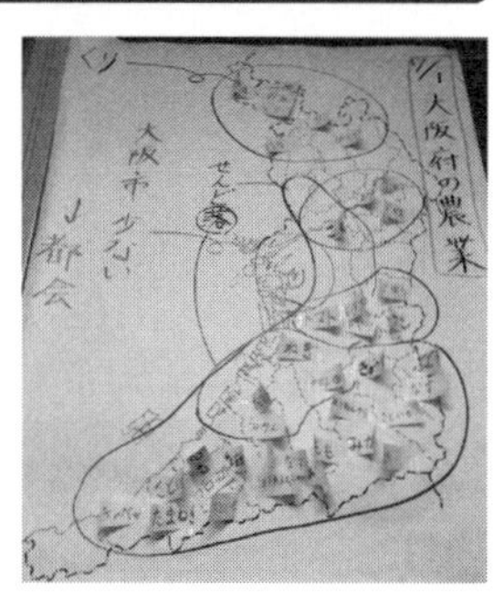

右は，４年生の学習です。大阪府の白地図に大阪府の農産物を付箋で貼り付けていきました。分布図になるので，どの辺りで農業が盛んなのかが視覚的に捉えられるようになります。また，「なぜ，その地域にそのような特徴があるのか」という問いを生み出すこともできる技術です。５年生の食料生産の学習で，チラシを切り取り，白地図上で生産地ごとに整理をして分布図をつくる実践は，代表例ですね。

どんな時に有効？

- 位置関係を捉えさせたい時。
- ルートを捉えさせたい時。
- 範囲の大きさや違いに気づかせたい時。
- 分布の範囲や特徴に気づかせたい時。

ふりかえりのポイントを提示する

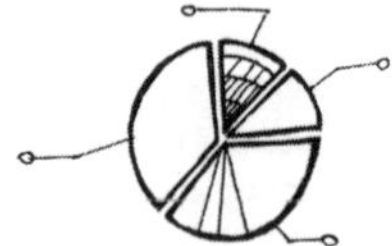

Visualization of Social Studies Classes

第２章でも述べたように，ふりかえりを見える化することで，児童が自分の成長や考えの変化を実感できたり，教師が指導の改善を計画したりすることができます。そこで，ふりかえりを見える化する時のポイントを紹介します。

Point1 書き出しを例示する

私の社会科の授業では，基本的に問いに対するふりかえりを行います。ふりかえりをする際には，書き出しを例示します。例示ですので，「このように書き始めなさい」ではありません。その児童が書きたい，その児童らしいふりかえりの書き出しがある場合は，強要しません。

では，なぜ例示するのか？　と言うと，「ふりかえりは経験を積まなければよいものは書けない」と考えているからです。みなさんは，ふりかえりのポイントをもっていますか？　私は，児童にふりかえりのポイントを４月から少しずつ伝えていきます。具体的には，下記のようなことです。

A　問いに対する自分の考えや感想，思いを書く。

B　接続語を使う。
(具体的にしたいなら「例えば」，抽象的にしたいならば「つまり」，根拠を書きたいなら「なぜなら」など)

C　社会科の言葉を使う。(「東西南北」「地形」「気候」「幕府」など)

D　自分が当事者だった場合はどう考えるか。

E　友達の名前を入れる。

この他にも，歴史的な内容なら「過去や現在と比べられると，力があるなー」と伝えたり，地域に関する内容なら「自分が経験したこととつなげられていてすごいなー」と褒めたりします。すると，児童は，どんどんふりかえりの質を高めていきます。具体と抽象を行き来するようになる，これまでの学習や友達の考えと自分の考えを比較するようになる，社会的事象を関連づけるようになるといったことです。

けれども，最初からできるわけではありません。**そのために，書き出しを視覚的に提示して，経験を重ねる**のです。まずは，問いに対する書き出しの経験を積みます。次に，様々な接続語を提示していきます。選択・判断を求める時に「自分だったら～」と提示します。このような経験を重ねていくと，問いに対する的外れなふりかえりをすることがなくなる上，自分らしいふりかえりができるようになっていきます。

Point2

友達のふりかえりを紹介する

Point1で，ふりかえりのポイントをいくつか紹介しました。そのポイントを使っている児童のふりかえりを電子黒板などで提示しながら褒めていきます。その際，赤で強調する等，ポイント部分は視覚的に捉えやすくしておきます。また，「A さんと B さんで考えが違うね」というように，考えが分かれることも，紹介していきます。「C さんは，A さんと B さんの間みたいな意見だね。悩んでいるという自分の考えが残っていて，いいね」というようなことも紹介します。このようなことを繰り返していくことで，その児童らしい考えがふりかえりに表れてくるようになります。

どんな時に有効？

・児童のふりかえりの質を高めたい時。

・児童が個々に考えを表現できるようにしたい時。

ゴールに成果物を設定する

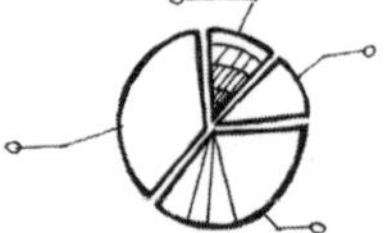

Visualization of Social Studies Classes

成果物は,「児童がそれまでの学習をどれだけ自分のものにしているか」を見える化したものの１つです。

Point1

成果物をつくる理由とは？

なぜ,成果物をつくるのでしょうか。みなさんは,どのような答えをおもちでしょうか。きっと「学習内容の定着を図るため」「評価をするため」など,それぞれの答えがあると思います。

私にとっては,「児童が学習した内容を自分の力として活用するため」です。そのため,教科書の文章を,そのまま新聞に書き写すようなことではいけないと考えています。

また,児童が学習してきた内容を表すこと（＝見える化）で,児童自身も自分の力になっているかが実感できると考えています。教師としても,成果物を作成する児童の姿や成果物そのものは,自分の指導がどうであったかを見直せる視覚的な材料であると言えます。

Point2

どのような成果物（＝見える化）にするか

少し前までは,「学習したことは新聞にまとめる」が,社会科の王道のようなものでした。でも,児童の実態や学習内容に応じて,いろいろな方法があってもよいのではないでしょうか。

それでは,どのような成果物にするか。考えるべきことは３つです。

①学習してきた内容を活用できる成果物なのか。

②児童が「取り組みたい」と感じられる成果物なのか。

③成果物の作業に必要な時間とツールは？

知識の獲得ができているかであれば，クイズ集をつくってもよいでしょう。社会的事象のつながりをストーリーのようにできるかであれば，劇化することも1つです。また，児童にとって，「やらされる」成果物ほど，嫌なものはないかもしれません。相手意識をもたせる，グループで協働的に活動するなどして，意欲的に取り組めるようにしたいものです。

Point3

成果物（＝見える化）の例

○3年生「お店ではたらく人々」

お店のよいところを紹介するCM動画を作成し，お店で流してもらう。

○4年生「災害からくらしを守る」

自分たちの住んでいる地域の防災マップを作成し，地域の防災に関する施設に置いてもらう。

○5年生「情報社会に生きるわたしたち」

新聞社のはたらきを新聞にまとめていく。学習の中で，インタビューした新聞記者や見学した新聞社の方に，児童の新聞をフィードバックしてもらう。

○6年生「わたしたちの願いと政治のはたらき」

「もしも自分が区長なら，税金をこう使う！」という意見書を書き，実際に，区長に意見書を提出する。

どんな時に有効？

・学習内容の定着を図りたい，活用させたい時。

・児童自身に学習の定着度を実感させたい時。

・教師が自身の指導の見つめ直しや改善を図る時。

カードで他者の考えとの比較を促す

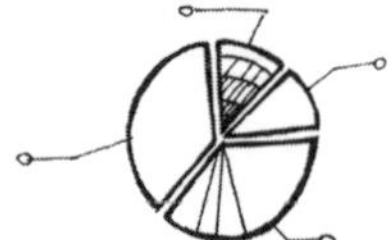

Visualization of Social Studies Classes

社会科の授業では，多角的に考えられるようにすることが大切です。児童に多角的な思考を促すには，自分の考えと友達の考えを何度も比較できるようにする必要があります。そこで，児童が他者の考えとの比較を促す見える化技術を紹介します。

Point1

つぶやきカード

「例えば」→友達の考えに具体例を付け足す
「だって」→友達の考えに対して根拠を付け足す
「え？」→友達の考えに疑問を感じ，質問を促す
「いやー…」「でも」→友達の考えと違う場合の発言を促す
「ただ…」「それなら」→友達の考えに対し，違う面からの提案をする
「ってことは」「つまり」→友達の考えを肯定的に捉え，抽象的にする
「わかる，わかる」「さらに」→友達の考えを肯定的に捉え，強化する

討論などの授業の時によく活用しているつぶやきカードを紹介します。つぶやきカードとは，上記のような言葉が書いてあるカードのことです。授業の中で，児童が友達の発言に思わず呟いてしまうことありませんか？　あれをカードにしたイメージです。

学年当初は，カードを黒板の横に貼っておき，児童の発言に合わせてカードを提示していきます。そして，「友達の発言と比べながら考えているね」

「自分の考えと友達の考えをつないでいるね」といった肯定的な言葉かけをしていきます。すると，児童は友達の考えと比較して考えるようになってきます。また，児童が思わず呟いた言葉で他者との比較を促すようなものであれば，つぶやきカードに追加します。つぶやきカードに追加された児童は喜びますし，クラスのみんなでそのカードを使いたがります（笑）。

Point2

ネームプレート

発言した児童の名前を黒板に貼る方法です。児童に発言を促すために，取り組まれていることが多いかと思います。しかし，今回は，ネームプレートが他者の考えとの比較を促すツールになることをお伝えします。

これは私の経験からの話になりますが，ネームプレートを貼っていると，「○○さんが，さっき言っていたように」という言葉が明らかに増えます。それだけではなく，「はじめの方に○○さんが言っていたこととつながって」というような授業前半の話が，授業後半になって伏線として効いてくることが多くなります。

めまぐるしく授業が展開されていく中で，**ネームプレートは，児童が一つひとつの発言を想起する手立てになっている**と感じています。

※ただし，「発言できることがすごい！」と価値づけたいわけではないので，すべての授業でネームプレートを使う必要はないと思います。授業のねらいによっては有効な手立ての１つである，とお考えください。

どんな時に有効？

・児童がお互いの考えを比較しながら思考できるようにしたい時。

・児童の発言につながりをもたせたいと感じている時。

二項対立・二者択一をつくる

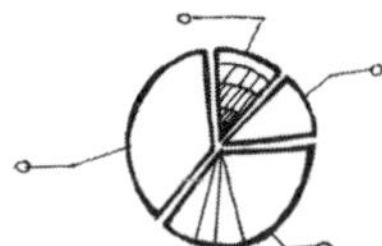

Visualization of Social Studies Classes

板書を通して思考を可視化するにあたって，板書の特性を把握しておく必要があります。板書の特性はたくさんありますが，ここでは，「学習の流れが残る」という点を取り上げます。

下の写真は，６年生の社会科「源頼朝が弟の源義経を追い詰めたのは，何を大切にしていたからか」を考えた授業です。

Point1

対立構造・二者択一がわかりやすいように書く

板書を左右や上下に分けて書くことで，対立構造や二者択一があることをひと目で捉えられるようにする見える化の技術です。下の写真を見れば，もしも自分が源頼朝の立場なら源義経を追い詰めたかについて，追い詰める側と追い詰めない側の２つの意見があることが捉えられます。

この見える化の技術により，追い詰めた場合，追い詰めなかった場合のメリットとデメリットが比較しやすくなっています。また，考えの違いが明確になるため，児童の対話を促すこともできます。

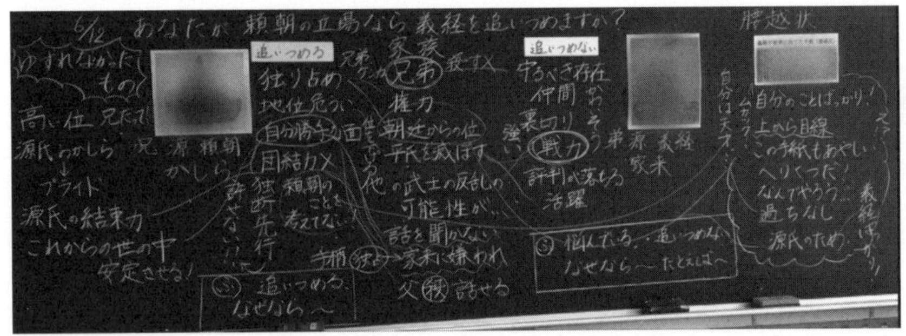

ここでは，主に板書について書きましたが，その他のツールでも非常に使いやすい見える化の技術です。

Point2

双方の立場に関連することを中央に板書する

立場が分かれていますが，同じ社会的事象から考えています。そこで，双方の立場の中央には，どちらにも関連することを見える化します。写真では，義経の功績や性格を中央に板書しています。その中でも「平氏を滅ぼす」ことに関して，追い詰める側は，頼朝自身の地位が危うくなると考えています。それに対して，追い詰めない側は，源氏にとって重要な戦力になると考えています。

Point3

後半で多角的に考えなければならない場面をつくる

この見える化の技術で，**多角的に考えた意見が板書で記録されていきます**。これらを生かすような活動が重要です。写真の授業では，板書に注目させながら「みんなの意見から，義経を追い詰めなかった場合にでも，頼朝に大きなメリットがあるみたいだね。それでも，頼朝は義経を追い詰めたんだね。はたして…源頼朝が譲れなかったものは何だったんだろう？」と発問しました。

多角的に話し合ってきた子どもたちは，しっかりと自分が源頼朝の立場になって考え，「頼朝にとって，苦渋の決断であった」と話していました。

どんな時に有効？

・同じ資料から各自で読み取ったことの違いに気づかせたい時。

・選択や判断が見方によって分かれるなど，多角的に考えさせたい時。

・学習した内容を多角的にふりかえらせたい時。

17　発展編

個々の問いを引き出して生かす

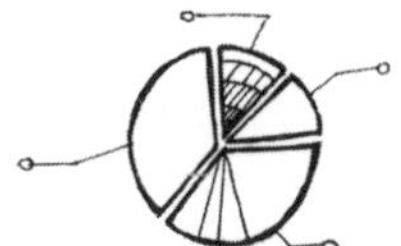

Visualization of Social Studies Classes

私の学級では，個々で問いをもち，調べ，まとめ，交流するという流れで学習をすることがあります。その際には，**調べる前に，児童から生まれた問いを一覧にして提示**します。

この実践は，樋口万太郎先生の『子どもの問いからはじまる授業！』（学陽書房）を参考にしています。ちなみに，私は児童に「問い」という表現ではなく，「ハテナ」という表現を用いて取り組んでいます。

Point1 問い出し

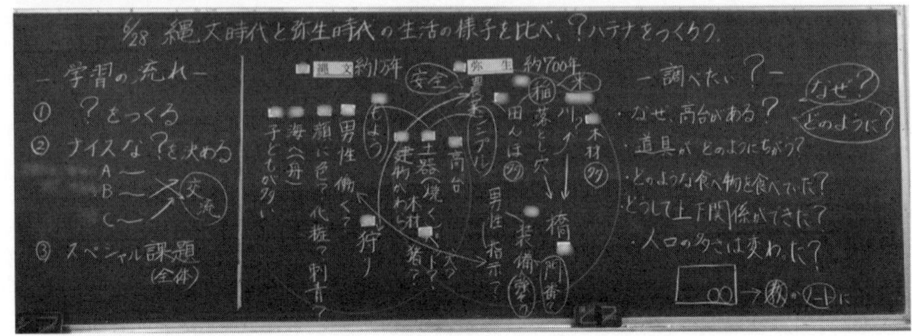

いきなり教師が児童に「問いを出しましょう」と言っても，問いは生まれません。教師の働きかけが必要です。６年生の「大昔のくらしとくにの統一」を例に紹介します。まずは，教科書や資料集の資料を見て，個々が気づいたことを共有します。次に，NHK for school の動画の一部を児童に見せるなどして，児童の「もっと知りたい」「どうしてだろう？」といった気持ちを引き出していきます。それを個々で，付箋に書き出していきます。

Point2

問いの精選

個々が感じた問いを「学びがどれだけ深まるか」という観点で，精選していきます。私の場合は，右の写真のように，ピラミッドチャートを用いながら話し合わせます。児童が話している中，私は「調べないと解決できそうにないハテナになっているかな？」「社会科のハテナになっているかな？」といったことを問いかけていきます。

はじめのうちは，問いの精選に1時間かけますが，児童が慣れてくると短時間でできるようになります。

Point3

問いを一覧に

調べていく前に，右のように，グループで精選された問いを一覧にして児童に渡します。

私の場合は，ピラミッドチャートの2段目までに選ばれた問いを一覧にしています。自分では思いつかなかった問いがあるので，児童から「これも調べてみたい」という声があがってきます。

大昔のくらしとくにの統一

①それぞれの土器の作り方や使い方を詳しく知りたい。
②なぜ弥生時代の方が縄文時代よりも、米作りが盛んなのか。
③米の登場は、人々のくらしに影響を与えたのか。
④なぜ、縄文土器は、模様（もよう）があるのか。
⑤それぞれの時代では、どのような道具を使っていたのか。
⑥それぞれの時代の大人と子どもは、何をしていたのか。
⑦それぞれの時代の人々は、何を食べていたのか。
⑧弥生時代は、なぜ穴を掘っているのか。
⑨どうして弥生時代には、上下関係があるのか。
⑩縄文時代と弥生時代の建物に違いはあるのか。
⑪なぜ、どちらの時代にも高台があるのか。
⑫人口は変化しているのか。
⑬縄文時代にはあって、弥生時代に無い物はあるのか。
⑭縄文時代の人々の顔にある模様は、何なのか。
⑮お金の代わりのような物は、あったのか。
⑯どのように違いむら同士でと交流していたのか。
⑰外国との交流はあったのか。

どんな時に有効？

・児童がたくさんの問いをもちながら調べられるようにしたい時。
・児童が個々に感じた問いを共有したい時。

とにかく実物を提示する

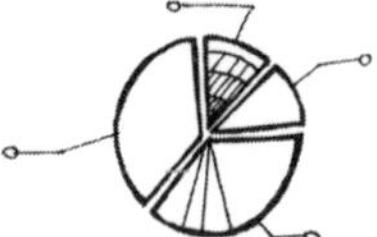

Visualization of Social Studies Classes

今でもよく覚えていることがあります。私は教師２年目で，はじめて社会科を指導することになりました。１学期の始業前に，「社会科って，どのように授業するのですか？」と先輩の先生に質問しました。すると，その先生は「とにかく実物を持っておいで」とおっしゃいました。

Point1 資料の強さを把握する

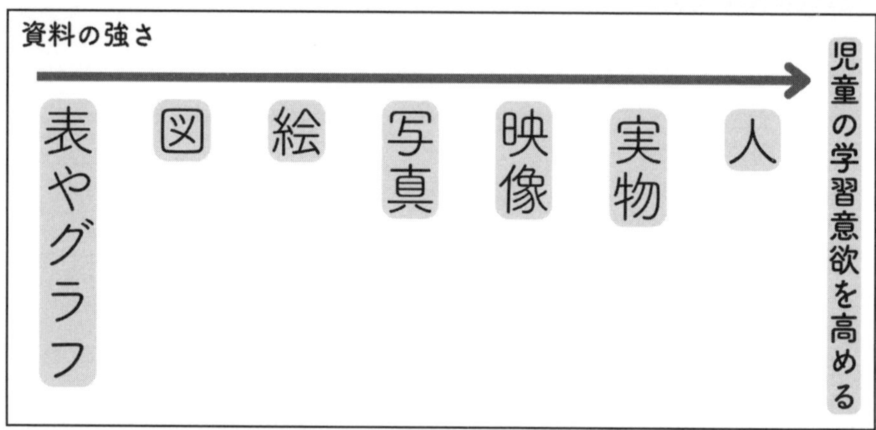

資料によって児童の反応は，全然違うものになります。それは，本物かどうかによる差です。ちなみに，私は，その資料が児童の学習意欲をどれほど高めるものであるかを，「資料の強さ」と言っています。勝手に言っていますので，社会科の専門用語などではございません（笑）。

上の画像にある通り，**やはり本物にこそ児童は興味を強く示します**。そのため，教師は，指導計画を立てる際に，人→実物→映像・・・という順で資料を準備できないかを考えたいものです。

このような話をすると「どのように当事者を呼ぶのですか？」とよく質問されることがあります。私の場合は，インターネットでボランティア活動をしている方々を探します。ボランティア活動をされているだけあって，思いが強く，当事者でなければ伝えられないことを話してくださいます。

Point2

「この程度のことは知っているだろう」は危険

右の写真は，６年生の児童が大昔の方法で，火おこしに挑戦している様子です。この児童は，体験前の予想で「木を擦って火をつけていました」と発表していました。私は，火おこしの苦労も知っているかな？　と思っていました。しかし，実際に取り組んでみると，「思っていたのと全然違った。ほとんど火をおこせなかった。おこせても，こんなに時間がかかるものかと感じた」と話していました。

その他に，５年生の米づくりの学習をしていた時，私は教室に稲を持って行きました。すると，「はじめて稲を見た。先生，この稲のどこがお米になるんですか？」と質問され驚いたことがあります。この児童は「稲がお米になる」とは知っていたけれど，稲を知らなかったんですね。

どんな時に有効？

- 実感を伴いながら，児童の学習意欲を高めたい時。
- 当事者の立場から児童が考えられるようにしたい時。

19 発展編

体感・実感そのものを生かす

Visualization of Social Studies Classes

教師は，児童にたくさんのことを実際に経験させたいと思うものです。社会科においては，児童の実感そのものが資料になる場合もあります。「前に経験したよね？」ではなく，実感を視覚的に捉えられるようにしましょう。

Point1
数値を体感する

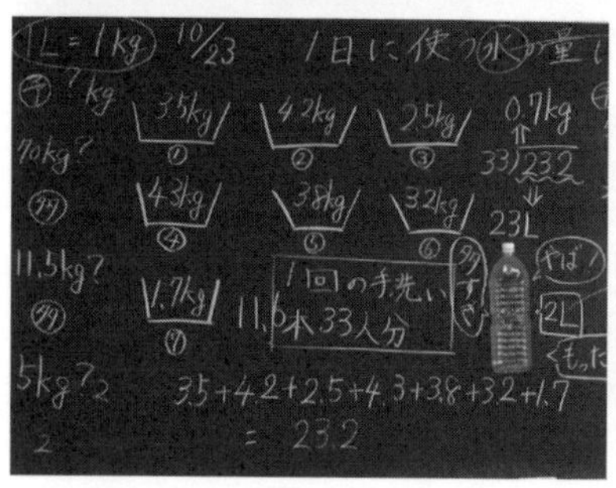

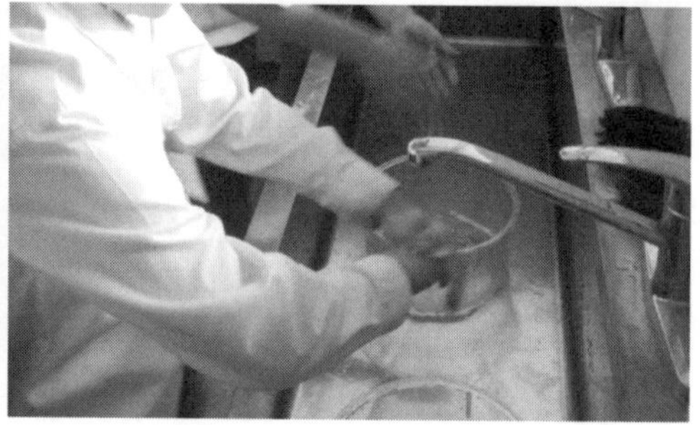

４年生の「１日に使う水の量」を例に紹介します。この授業は，単元の導入で「自分たちが１日が使っている水は，どのくらいなのか？」を調べ，問いづくりをする授業です。

児童は水をたくさん使っていると思っています。この「たくさん」の部分を数値化することによって，児童の教材への関心を高めます。写真を例にすると１回の手洗いの水をグループごとに桶に溜めます。この時点で，児童は「ペットボトルより多い」という反応を示しました。その後，板書のように溜まった水の量を測定します。すると，クラス全員が手を洗うと，１回の手洗いで２Ｌのペットボトルを11本以上使っているということがわかります。児童からは，「えー⁉」「やばい！」といった声があがります。すかさず，「どうして，えー⁉　と言ったの？」と問い返しましょう。児童は，自分たちがどれくらいたくさんの水を使っているかに気づきます。このように，**日常的に何となく理解していることを，体感からの見える化によって，具体的な理解へと深化する**ことができます。

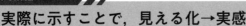

実際に示すことで，見える化→実感

教科書の資料は，児童に「実感的に捉えさせよう」と考えられているものが多いです。例えば，６年生の学習で，大仙古墳や大仏は大きさを実感的に捉えさせようと，古墳周辺の家や大仏の修繕をしている人と一緒に写っている場合があります。大きさを強調しようと工夫されているのです。しかし，それでも，児童が実感するには，児童と資料に距離があるのです。よく「資料が遠い」と表現しますね。

では，どのように近づけるか。大仏の大きさを例に紹介します。イメージとしては，児童が「とりあえず大きいんでしょ？」と思っているものを「そんなに大きいの⁉」とする感じです。クラスで背の高い児童に1mのものさしを頭の上に乗せてもらいます。大仏の手の大きさは約2.6mですから，「これが大仏の手の大きさです」と伝えると「えー！」となります。さらに，「この２倍が，顔の大きさです」と伝えると「えー‼!」となります。児童は，思わず自分の顔を触り出します（笑）。児童が大きさを実感し，児童と資料の距離が近づいた瞬間です。お手軽な方法を紹介しましたが，他にも方法はたくさんあるはずです。考えてみてはいかがでしょうか？

どんな時に有効？

・実感したことを強調したい時。

・読み取った情報を実感させたい時。

ゲストティーチャーの話を生かす

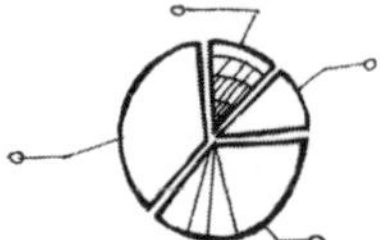

Visualization of Social Studies Classes

資料は，社会科の学習で最も大切なものです。そして，その中でも，最高の資料は，人です。ゲストティーチャーの話は本当に魅力的なものばかりですが，教師は，児童と一緒に話を聞くだけにならないようにしましょう。

Point1 ゲストティーチャーの話を受けて

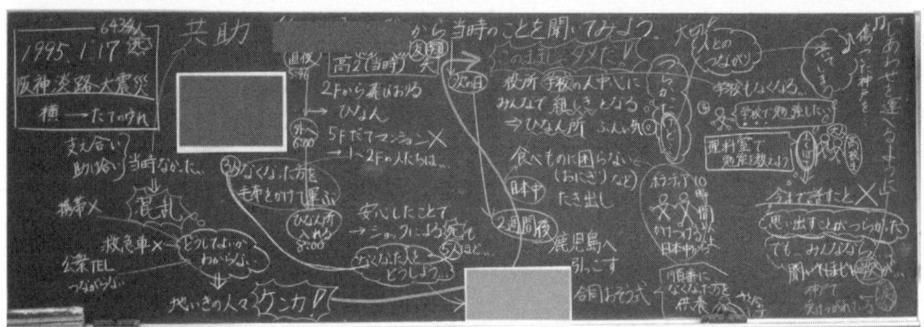

４年生「災害からくらしを守る」の学習を例に紹介します。板書は，阪神淡路大震災で被災し，避難所生活を送られた方にお話いただいた時のものです。事前に，打ち合わせをしていても板書計画をつくることは難しいので，アドリブで書くことにはなります。しかし，この見える化は非常に重要です。

①児童は一生懸命に聞いていても，前半の話を忘れてしまいやすい。

②ゲストティーチャーの前半の話が，後半に効いてくることがある。

③板書が児童が質問する際の手立てとなる。

④ゲストティーチャーが板書を指差しながら話すようになるなど，ゲストティーチャーにとっても手立てとなる。

以上のようなことから，メモのように記録していくことをおすすめします。お話の後，ふりかえりの時間をとってみると，記録のあるなしで大きな違いがあることに気づくはずです。

板書をしていく時に気を付けることは，**事実を中心に書いていくことと，当事者の気持ちを書いていくこと**です。特に，ゲストティーチャーに来てくださる方は，願いや苦労といった感情の話を必ずしてくださいますので，そこは押さえたいところです。

児童にとってだけでなく，ゲストティーチャーが話を終えた頃に記録が残っていると，「そうそう，この時にこんなことがあってね…」と，さらにお話を引き出せることもあり，ゲストティーチャーが気持ちよく話せることにもつながります。

Point2

児童の質問とゲストティーチャーの答えを記録する

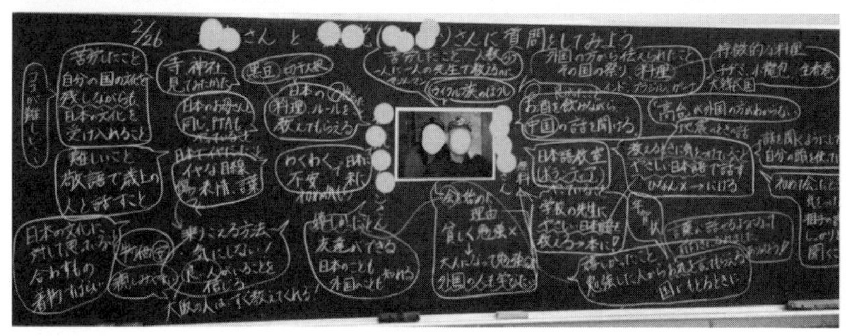

児童からゲストティーチャーに質問をする場合も，お話を見える化して児童を支援しましょう。上の板書は，児童の質問を黄色で，ゲストティーチャーの答えを白色でまとめました。

どんな時に有効？

・ゲストティーチャーの話を生かしたい時。

ステップチャートを活用する

Visualization of Social Studies Classes

ステップチャートは，自分が考えたことなどを付箋に書き出し，その付箋をステップチャートの枠に合わせて並び替えるというように，主に順序化を図るための思考ツールです。

今回は，主だった使い方とは違いますが，思考の流れを段階的に見える化するという方法も紹介します。

Point1 

順序化する

ステップチャートがよく用いられる実践が５年生に多くあります。米づくりや自動車工場での様子の写真などを適切な順に並び替えるものです。３年生は，スーパーでお客さんが通りやすいコーナーの順，４年生ではゴミが処理される順，６年生では歴史的な出来事が起こる順などがありますね。

Point2 

「こうなって，こうなって」を可視化する

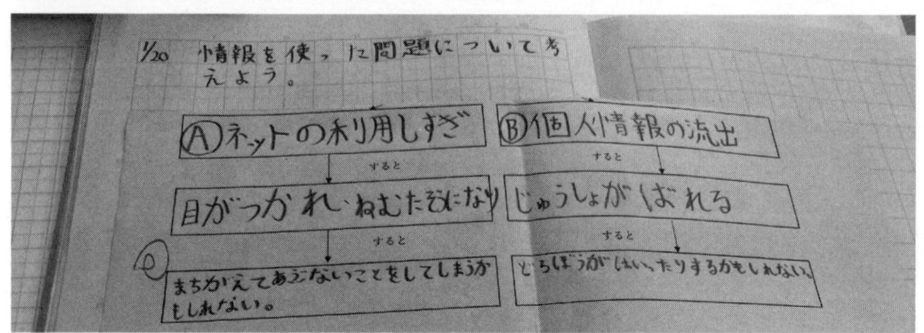

５年生「情報社会に生きるわたしたち」の学習を例に紹介します。情報を使った問題にはどのようなものがあり，それらの問題は何を引き起こしてしまうのかを考えていく授業です。

ステップチャートを，枠を埋めるように使います。ポイントは，矢印の隣にある「すると」という言葉です。まず，情報を使った問題を調べ，「A ネットの利用のしすぎ」「B 個人情報の流出」というように，一番上の枠に書き込みます。ここが観点になります。次の枠に，そこから引き起こされる問題を書き込みます。児童からすれば，「個人情報の流出が起きた。すると…」という思考が促されます。さらに，「住所がばれてしまう。すると…」というように，思考が促されます。最終的には「泥棒が来てしまう」というSNS 上の問題からリアルの世界で起こる問題につながっていきます。

確かに，ステップチャートなしで，最終的に引き起こされる問題を考えることはできます。しかし，それは勘のよい児童です。児童によっては，「個人情報の流出→泥棒が来る」が結び付きにくい場合があります。また，勘のよい児童は，自分は気づいているので，ステップチャートの真ん中の部分を飛ばして話しがちです。**ステップチャートは，個々の児童の差を視覚的に埋めてくれる**のです。

今回は，引き起こされる問題ということで，マイナスの方へと思考するように促していますが，問いや観点によっては，プラスの方へ思考を促すこともできます。また，「すると」の部分を「例えば」や「つまり」に変えることで，具体化したり，抽象化したりすることができます。「次に」という言葉に変えれば，授業の内容によって，工夫ができる部分ですね。

どんな時に有効？

・順序化したい時。

・段階的に思考を促しながら，見える化したい時。

ベン図を活用する

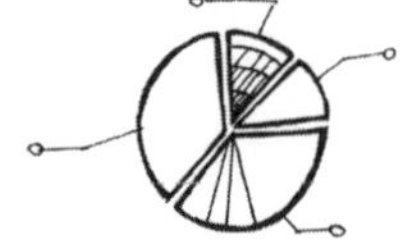

Visualization of Social Studies Classes

「社会科と言えば，比較！」と言っても過言ではありません。…ということは，思考ツールのベン図は，社会科の授業をより豊かなものにしてくれます。

Point1 

共通点と相違点の見える化

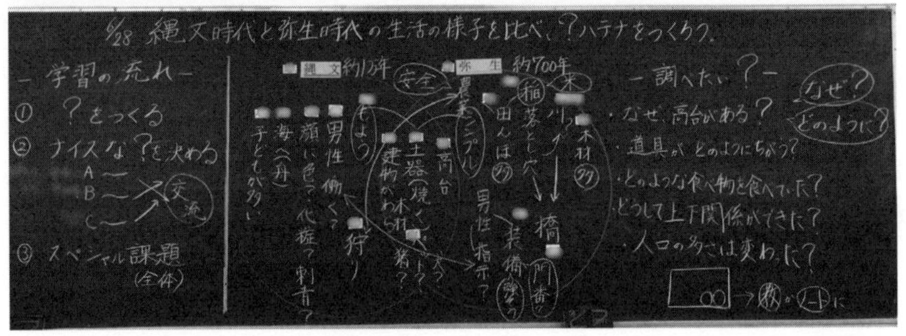

６年生の「縄文時代と弥生時代を比べて，ハテナをつくろう」を例に紹介します。この授業は，単元の導入で，自分が調べていく問い（ハテナ）をつくるものでした。

板書の中央に大きなベン図があります。縄文時代と弥生時代を比較してわかったことが整理されている部分になります。縄文時代のみに関することが左の円に，弥生時代のみに関することが右の円にまとめられ相違点を見える化しています。また，円の重なる部分に共通点を見える化しています。ベン図の最大のよいところは，共通点と相違点が明確になることです。

Point2 関連づけ

もう１点，注目していただきたい部分があります。共通点の中の「土器」という言葉です。「土器」から縄文時代には「もよう」，弥生時代には「シンプル」という言葉が，線で結ばれています。そう，**関連づけ**です。ベン図は，比較している対象同士の関連も見える化することができる非常に優れた思考ツールなのです。

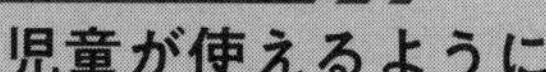

Point3 児童が使えるように

教師が何度もベン図を使っていると，児童が自然とベン図を使うようになります。

私のクラスの児童の話です。教科書上で大きな写真が２枚並んでいるのを見つけると，「ベン図が使える！」と思うそうです（笑）。

ベン図に限ったことではありませんが，児童が自ら思考ツールを使える，あるいは使いたくなるようにするには，環境を整えることが重要です。ベン図の枠のみが印刷されているプリントを用意しておく，タブレット端末にベン図の枠を保存させておくなど，児童がいつでも使える環境を整えておきましょう。また，ノートに自分で書く児童もいれば，プリントを使う児童もいます。タブレット端末で文書にまとめる児童もいます。児童が自分に合った方法を選択できるような雰囲気も，重要な環境だと思います。

どんな時に有効？

- 比較したものの共通点・相違点を視覚的に整理したい時。
- 関連づけを見える化したい時。

X・Yチャートを活用する

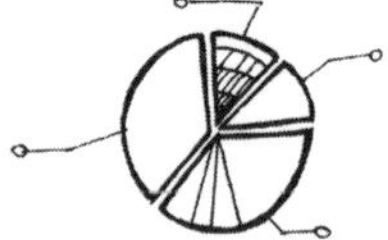

Visualization of Social Studies Classes

思考ツールの代表であるXチャートとYチャートは，社会科と相性抜群です。その理由とは？

Point1 観点を明確にできる

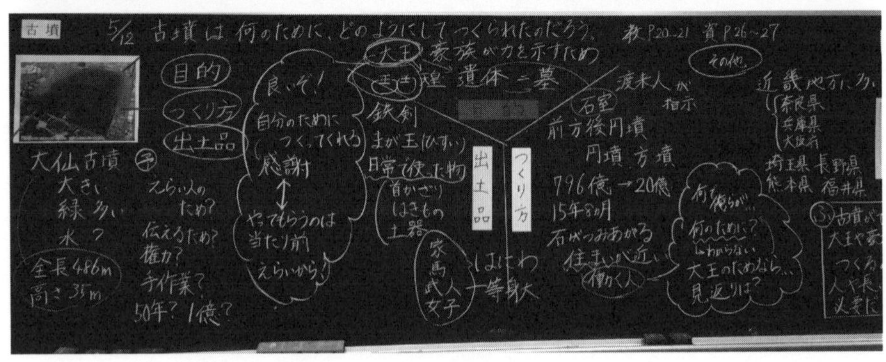

6年生の「古墳は，何のために，どのようにしてつくられたのだろう」の学習を例に紹介します。この授業では，Yチャートを使っています。「目的」「出土品」「つくり方」の3つを観点にすることが明確になっていますので，児童は非常に調べやすいです。

この授業では，そこまで強調していませんが，板書の上下を意識すると，Yチャートの上の部分に，上位となる概念をもってきて，Yの左右で，それを具体的にしたものという整理もできます。あるいは，Yチャートの上の部分に結果をまとめ，Yの左右で，原因①，原因②というような整理の仕方もできます。

Point2

関連づけを見える化

Xチャート，Yチャートの最大の特徴は，整理したものが中央に集まるので，関連づけを見える化できることです。これはマトリクスではできません。（※観点別の整理という面では，マトリクスも非常に優れた思考ツールです）

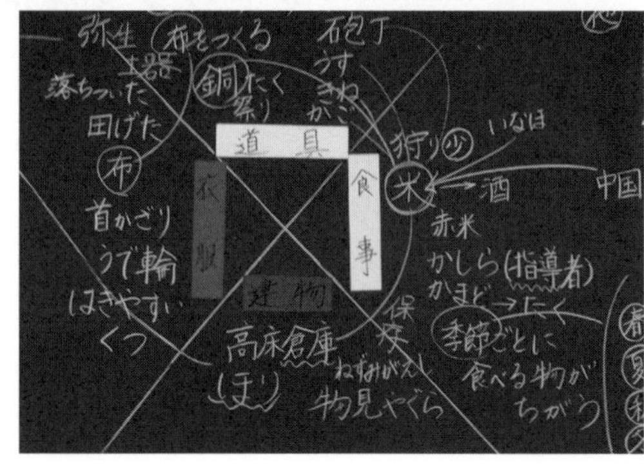

右の写真は，６年生の「弥生時代のくらし」の板書の一部です。観点の枠を飛び越えて，線で「米」に対して，「石包丁」「高床倉庫」などが結ばれています。「弥生時代は，米づくりが本格的になってきたから，米づくりのための道具がたくさんある」という児童の発言をもとに，米との関連を見える化しているのです。

社会科の授業において，観点をもって調べる・整理するということは非常に重要です。また，「関連づける」という思考も，非常に重要です。その**どちらの面も見える化できるXチャート・Yチャートは，社会科との相性が抜群**なのです。

どんな時に有効？

- 調べた内容を観点ごとに整理したい時。
- 関連づけを見える化したい時。
- 上位概念とその具体的な事例を整理する際，事例同士で関連がある時。
- 因果関係を表現する際，原因同士に関連がある時。

マトリクスを活用する

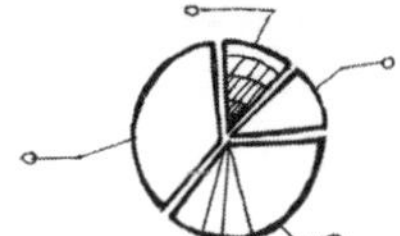

Visualization of Social Studies Classes

マトリクスは，データを集計する時に使われることが多い思考ツールです。列と行によって，非常に多くの情報を整理することができます。

Point1

相違点の見える化

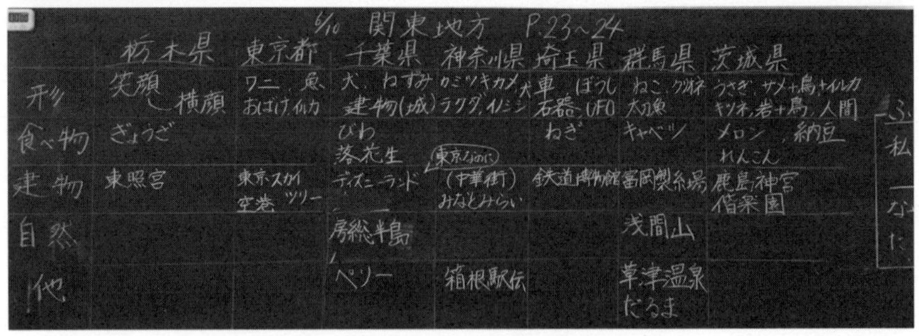

４年生の「都道府県〜関東地方〜」を例に紹介します。この授業は，地方ごとに各都道府県の地形や特産物，名所などを調べ，まとめていく学習です。

関東地方における都道府県は７つあります。比較しようとする場合，数が多ければ多いほど，難しくなります。しかし，マトリクスを活用すると比較する観点同士で見ることができるので，比較しやすくなります。実際に児童は，「東京都や神奈川県では，食べ物の生産が少ないのかもしれないな」「県によって，有名な建物が歴史に関するものと楽しめるものとに分かれる」といったことに気づいていました。

X・Y チャートやベン図でも比較した内容の共通点や相違点を視覚的に表すことができます。ただし，比較する対象や比較する観点が多い場合には，マトリクスがおすすめです。

全体としての特徴を捉える

先程の板書は関東地方のものでしたが，同様に他の地方でも整理していきました。関東地方の前には，東北地方の学習を行ったので，電子黒板に東北地方のマトリクスを表示し「東北地方と関東地方は，何が違うかな？」と問いかけました。「東北地方の時は，建物と言えばお城だったけど，関東地方はいろいろある」「関東地方は湖が多くなかったけれど，東北地方には湖があったし，大きいものが多かった」というような点に気づいていました。

このように，同じマトリクスの構成であれば，全体を俯瞰的に見ての違いを考えることができます。この特徴は，多くの情報が整然と見える化されるマトリクスならではと言えます。

ワークシートやテンプレートを

マトリクスは多くの情報を見える化するため，児童にはワークシートを用意したり，タブレットの場合はテンプレートを送ったりしましょう。また，その際には，板書とワークシートが対応するように心がけましょう。取り入れ方も，一緒に調べて整理するという段階から始めて，経験を重ねた後，**最終的には児童自身が使えるように**していきたいですね。

どんな時に有効？

・比較する対象や観点が多い場合に，情報を整理したい時。
・全体を俯瞰して捉えさせたい時。

板書の上下を生かす

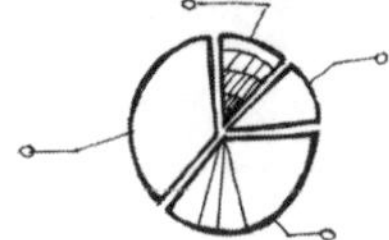

Visualization of Social Studies Classes

会社のリーダーは誰ですか？　社長ですよね。これは，会社の組織図を見ると，社長が一番上にあるので，一目でわかります。**上は強く，下は弱いというイメージ**があります。板書でこのイメージを活用するのです。

Point1

上と下を使い分ける

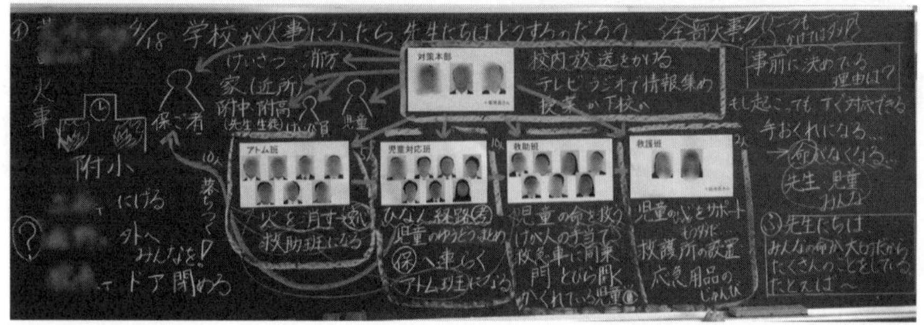

３年生「火事からくらしを守る」における学習を例に紹介します。板書は，「学校で火事になった場合，先生たちはどうするのだろう」という問いに対して，児童が調べてきたことをまとめた板書です。本部が中心となって，全員で火事の対応に関わっていることが視覚的に捉えられます。

同じように，幕府の仕組みをまとめれば将軍の権力の強さを示せます。三権分立の学習では，国会を上に板書することで，国の最高権力であることを示せます。あるいは，人々の願いを上に板書して，その願いの実現に向けての取り組みを下に板書するということもできます。この技術は，多くの学年で活用できる技術ですので，ぜひ試してみてください。

Point2

矢印で時の流れと合わせる

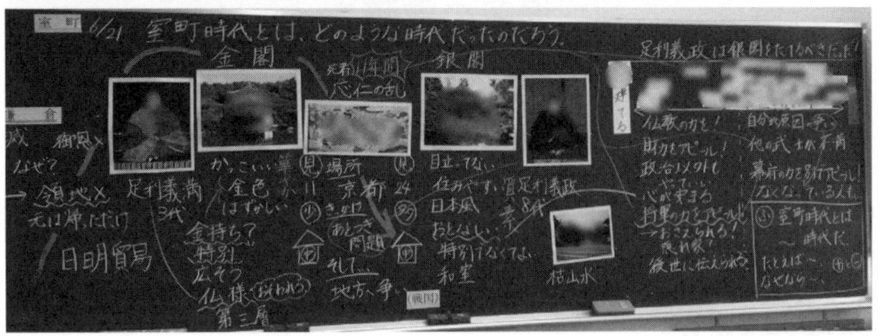

6年生「室町時代の盛衰」における学習を例に紹介します。板書の左から右に太い矢印があります。この矢印は，将軍の権力の強さを見える化しています。国語の心情曲線の実践とよく似ている技術です。授業では，後半に差しかかったあたりで，「将軍の強さは，どのくらい？」と児童に問いかけながら，板書していきました。鎌倉幕府滅亡の頃に将軍の権力は弱く，足利義満の頃に強くなり，応仁の乱の頃から再び弱まっています。

このように，矢印の上下で権力の強さを，左右で時の流れを見える化できます。歴史の学習と相性抜群の技術です。

その他にも，３年生「昔の人々のくらし」で人々のゆとりのある時間と時の流れを示したり，４年生「生活を支える水」の学習で，水の美しさと水の行方を示したりもできますね。

どんな時に有効？

・権力や立場などの強さの違いに気づかせたい時。
・権力や立場などの強さの変化に気づかせたい時。
・人々の願いの実現を目指していることに気づかせたい時。
・思考ツールのクラゲチャート，ピラミッドチャートを活用している時。

児童の言葉を地図化する

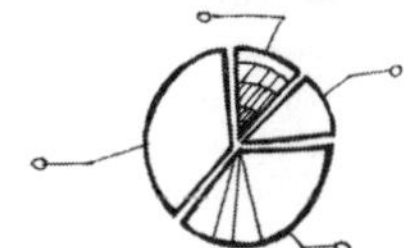

Visualization of Social Studies Classes

地図上に，児童の気づきを残していくのではなく，**児童の言葉をもとに地図そのものを作成**し，見える化していきます。

Point1 地域の特徴を引き出す

代表的な例が，３年生の地域の様子を調べて白地図にまとめていく活動です。自分たちが目にしたものを地図化していくことで，住んでいる地域の特徴を視覚的に捉え，場所ごとに，その違いを考えていきます。このように地図にすることは，地理的な特徴を視覚的に表すことになります。

もちろん，他の学年でも有効な活動です。板書は，４年生児童の発言から大阪府の特徴を地図にしていったものです。Google Earth を活用して大阪府を上空から調べた児童は，「建物ばかり」「山が見えてきた」などの発言をします。それをまとめていくのです。正確な地図が描けるわけではないですが，大きな川に市街地が囲まれていること，他府県との境目には山があり，西には海があることなどの特徴を捉えることができます。

また，児童の言葉は断片的であることが多いです。それを生かして地図をつくっていきます。上の板書の授業では，「小学校の西に海があった」と，児童は発言しました。そこで，小学校のすぐ隣に海を描くのです。すると，

「あ！　そういうことじゃない！　学校が沈んでしまう！」というようなツッコミが入ってきます。「みんなが言った通りにしたのに～」と教師がとぼけると，次から児童は細かく説明してきます。あるいは，「付け足しで～」と友達の説明に補足をする児童が多く出てくることでしょう。

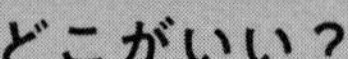

どこがいい？

T　あなたはスーパーマーケットの店長です。小学校がここにあります。どこに店を建てますか？

C　そこに小学校なら，ここ。親子で買いに来てくれるんじゃないかな？

T　ここには，駅がありました。どこに店を建てますか？

C　ここに変える！　駅の近くは，お客さんが増えるはず！

T　ここに川があるのを忘れていました。橋は，ここです。どこに店を建てますか？

C　えー！　じゃあ，ここ。橋まで回るのは，大変…。

というようにして，地図をつくっていきます。そして，最終的に出来上がる地図が，自分たちの地域の地図になっているというオチです。この間，発言からもわかるように，児童は空間的な見方・考え方を働かせています。

その他にも，「鉄道をどこに通す？」「工場長なら，どこに工場を建てる？」というような応用もできます。

どんな時に有効？

・位置関係を捉えさせたい時。

・地域の特徴を捉えさせたい時。

・空間的な見方・考え方を働かせて思考させたい時。

ねらいに応じて重要語句を提示しておく

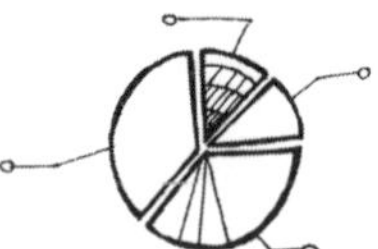

Visualization of Social Studies Classes

社会科の授業では，キーワードが非常に多くあります。それらは，児童の日常生活の中では，あまり使われない語句が多いです。教師は，授業の中で，そのキーワードを使わせたいのか，覚えさせたいのかを考えましょう。

Point1 個々の見方・考え方を発揮させたい場合に

６年生の「戦国の世の統一」を例に紹介します。この授業では，これまでに自分が調べてきたことをもとに，織田信長と豊臣秀吉の業績に対する個々の社会的な見方・考え方を表出させることがねらいの１つです。「何をしましたか？」と問うと，知識量の多さを問うことになってしまいます。そこで，この授業では，「あなたはどう思う？」と問い，対話を促していきました。

板書には，「鉄砲」「刀狩り」といった２人に関するキーワードをいくつも提示しています。キーワードを見える化することで，知識面の負担を軽くするのです。この手立てにより，児童は「鉄砲を取り入れて，新しい戦い方を生み出したから，織田信長の方が賢い」「豊臣秀吉は刀狩りによって一揆を起こさせないようにしたから賢い」というような対話が生まれやすくなります。最終的にこの授業では，一揆が頻繁に起こっていたが外国を受け入れていた信長の頃，一揆を起こさせないように兵農分離を進めながら外国との関係を縮小していった秀吉の頃といった社会の変化にまで対話が進みました。また，この単元の学習全体をふりかえることもできました。

もし，キーワードがなかった場合，児童に知識の想起から求めることとなり，学力の高い児童ばかりが話してしまうなど，多様な見方・考え方を引き出しにくくなります。児童がキーワードを知識として定着しているなら不必要な手立てではあります。しかし，**誰もが安心して自分の考えを述べられる，多くの見方や考え方に出会わせたい場面で試してほしい**見える化の技術です。

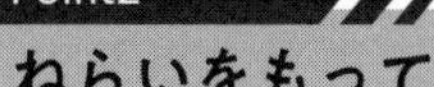

Point2 ねらいをもって

学習における重要語句として扱う場合にもキーワードの見える化は，非常に有効です。例えば，５年生の学習で「食料自給率」という言葉を定着させたいとしましょう。授業の冒頭で，教師がキーワードの短冊などを持ちながら「自分の国で必要な食料を，自分の国でどの程度まかなえるかを表した割合のことを何と言いますか」と必ず問うようにします。これを全員が定着するまで繰り返します。

このように，使い方がねらいによって違います。どのようなねらいに基づいてキーワードを見える化するかがポイントです。

どんな時に有効？

・児童ならではの様々な見方・考え方を引き出したい時。
・学習してきたことの全体像をまとめたい時。
・キーワードを必ず覚えさせたい時。

アプリを活用する

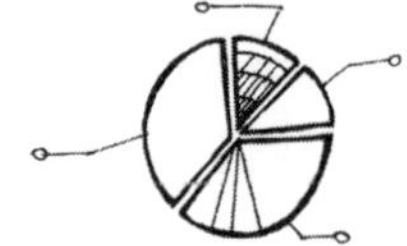

Visualization of Social Studies Classes

児童が自分の端末を持つ時代です。授業で活用できるアプリも，たくさん登場しています。個人的には，優れた学習コンテンツであれば，どんどん活用していけばよいと考えています。

Point1 「〇〇したつもり」になれる

社会科授業に熱を入れていると，「社会見学に行きたい」という思いが頻繁に湧いてきます。しかし，時期やお金の問題などで，社会見学は年に数回しかできない現状ではないでしょうか…。

そんな時に，アプリを使います。画面を通して，児童は現場の様子を見ることができ，行ったつもりを味わうことができます。非常に良質なアプリが多くありますが，今回はどの学年でも使えるアプリを，事例を交えて紹介します。

まずは，Google Earth です。３年生の学習で地域の調査に行く際には，事前指導や事後指導の時に大いに活用できます。また，調べたい対象の地域を上空から調べることができます。その土地の特徴や高低，分布などがよくわかりますので，どの学年でも応用できます。

次に，「古地図散歩」です。このアプリは，対象となる土地の古地図を見ることができるアプリです。現在の地図と古地図を比較できますので，児童は自ずと共通点や相違点を調べ始め，時間的な見方・考え方を働かせることにつながります。

３つ目に Zoom です。遠隔で会議ができますので，ゲストティーチャーとして来ていただくことが難しい場合でも当事者の声を聞くことができます。また，多くの方と同時につなげられることも魅力です。児童全員でゲストティーチャー１人の話を聞くのではなく，グループ会議で複数のゲストティーチャーと少人数ごとの対話を行うことができます。

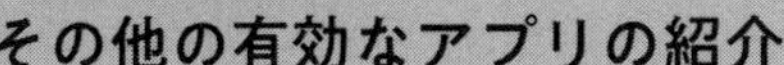

Point2

その他の有効なアプリの紹介

Point1で紹介したもの以外にも，良質なアプリはたくさんあります。いくつか紹介しますので，試してみてください。

- **国土マップR**
  国土地理院が提供。様々な地図を表示できる。
- **イラストと動画で学ぶ社会科**
  帝国書院の小学生向け学習アプリ。日本の産業について学習できる。
- **NHK for School**
  NHK の学校向けコンテンツ。

※その他にも，クイズやパズル形式のアプリが多く存在します。今回は，授業の中で，主に調べる活動の際に活用できるものを紹介しています。
※私は，「実体験に勝るものはない」と考えています。実体験ができない場合に，あるいは学習内容にアプリが有効な場合での活用が前提です。決して，アプリを使えばよいというわけではありません。

どんな時に有効？

・児童に，実体験に近い体験をさせたい時。
・ネットワーク環境があってこそ活用できる資料を使いたい時。

Column 02

子どもたちが当事者と出会うために，どうすればいいの？

・学校の近くで農業をしている方
・スーパーマーケットで店長をされている方
・コンビニエンスストアで店長をされている方
・商店街の理事長をされている方
・消防指令センターの方　・消防署で働く方　・地域の消防団の方
・警察署で働く方　・子ども110番をしている方
・子ども見守り当番を15年以上続けている方
・子ども見守り当番をする PTA の方
・民俗資料館で働く方　・浄水場で働く方　・下水処理場で働く方
・パッカー車でごみを収集している方　・津波高潮センターで働く方
・阪神淡路大震災で被災された方
・多文化コミュニティセンターで働く方
・あたたかい地域（奄美大島）で生活する方
・水産業に従事する方　・米作りの経験がある方
・林業に従事する方　・税務署で働く方
・水墨画の文化を発信されている方
・裁判員として裁判に参加された方　・大阪大空襲の語り部の方
・戦争と平和の語り部の方（広島県）
・原子爆弾被爆伝承者の方（長崎県）
・青年海外協力隊での活動経験がある方

上記のリストは，私がゲストティーチャーとして学校に来ていただいたか，オンラインや電話で授業にご協力いただいた方々です。ザッと思い出しながら書いているので，もう少しいらっしゃると思います。

さて，なぜこのようなリストを紹介したかですが，「ゲストティーチャーを，どのように招いているのですか？」とよく質問されます。

そこで，今回のコラムではゲストティーチャーへのアタックの仕方を紹介します。先に言っておくと，決してスマートなものではありません。「当たって砕けろ」の精神で取り組んでいます（笑）。

①×考えてからやってみる　○やってみる

毎時間やすべての単元で，学習に関連する人と子どもを出会わせることは時間的に不可能です。しかし，授業者が力を入れた単元であったり，子どもが学習に格別に熱中していたりすると，「子どもとこんな人を出会わせたいなー」と思うことがありませんか？　とてもポジティブな思考です。

ただ，そのような気持ちになったと同時に，「…と言っても，知り合いはいないし」「お金がかかるかな」「学年の先生は何て言うだろう…」「管理職と相談しないと…」など，要するに「大変な仕事が増える」というネガティブな思考が働くと思います。しかも，ネガティブな思考に，多忙が味方していきます。このような葛藤で，ポジティブな思考はネガティブな思考に負けてしまいやすいのです。単純に，もったいないですよね。

だからこそ，やってみようと思ったのなら，その場で取り組みましょう。校外の人を巻き込めるかは，この一歩を踏み出せるかで，半分以上が決まります。いろいろな手続きのことを考える前に，やってみるのです。さぁ，隣の学年の先生に「子どもたちが，こんな人と出会えたら，面白いですよね」と言いましょう（笑）。さぁ，インターネットで調べるのです。ぴったりの人を検索できた時には，「もう何としても，子どもたちに会わせたい」という思考になっているはずです。

②何度もアタック

何度もアタックというのは，同じ方に固執するということではありません。ここからは，ひたすら探す，電話やメールで交渉するを繰り返し，何度もアタックするということです。

どのように探すかは，公的な機関を通してつながることができそうな場合は，直接，連絡をとります。この例で言えば，消防署や警察署，民俗資料館の方などです。特別な準備は，必要ありません。「〇〇小学校の佐野と申します。このような授業を計画しており，ご相談があって連絡いたしました」でスタートです。すると…何とかしようとしてくださいます（笑）。

地域の方に関して言えば，直接，現地へ行ってみてはいかがでしょうか。抵抗感があるかもしれませんが，「社会科は，教材を足で稼ぐ」という言葉があるように，足を動かしましょう。まずは，やってみるのです！　私の場合，学校近くの農家の方は，農作業をしているところを「〇〇小学校の佐野と申します。実は…」とお声かけさせていただいたことから始まりました。

どのようにつながればいいのかわからない場合は，とにかくインターネットで検索します。裁判員を経験された方の時は，この方法でした。当然，裁判所などには連絡したのですが「個人情報ですので」と，当事者の方とはつながることはできませんでした。でも，諦めてはいけません。「裁判員　〇〇」で検索するのです。すると，ニュース記事がありました。その記事から，お名前がわかったので，「裁判員　お名前」で検索すると，とあるボランティアに所属されているようでした。その公式サイトから連絡先を…という流れです。そして，直接に連絡ができる段階になれば，「〇〇小学校の佐野と申します。実は…」です（笑）。

他にも，学級通信や懇談会で「知り合いに，こんな人はいませんか？」と投げかけたこともあります。SNSでつながった方もいますね。

最後に，「子どもたちに伝えたいんだ」という話を多くの方々は非常に好意的に捉えてくれます。教師に熱意は必要ですが，私は，むしろつながれない方が少ないかと思います。ぜひ，チャレンジしてくださる方が増え，子どもたちが多くの「本物」と出会えるようになれば，幸いです。

第4章

気づき・問い・対話を引き出す「見える化」授業づくり

消防センターの役割

連携を一目で捉えられる板書に

Visualization of Social Studies Classes

ねらい

消防センターで働く方へのインタビューを通して，消防センターが関係諸機関と連携をとりながら，火事に対応していることを理解できるようにする。

◆問いと対話のテーマ

消防センターの方と「消防センターの方は，それぞれの機関に何を伝えているか」を予想しながら話し合う。この授業では，実際に消防センターで働く人にゲストティーチャーとして来てもらい，児童の予想について解説してもらった。当事者の話を聞くことや資料を用いることで，児童の予想で終わってしまわないようにすることができる。

◆授業の流れ

導入	**①火事現場のイラストを提示し，火事現場にはどのような機関の人々が対応に来ているかを想起する。** **②関係機関に消防センターが連絡していることがわかる資料を提示する。**
展開	**③消防センターが関係機関にどのような情報を伝えているかを予想する。** ・班で話し合いながら，予想をホワイトシートにまとめる。 **④消防センターの方にインタビューを行う。** ・消防センターの方に児童の予想について話してもらう。 ・児童の質問だけでなく，必要に応じて教師も質問する。 **⑤119番通報を模擬体験してみる。**
まとめ	**⑥本時の学習についてふりかえる。** ・消防センターの役割だけをまとめるのではなく，実際にインタビューを聞いて，消防センターで働く人々の努力についてもまとめられるようにする。

授業の流れと指導のポイント

01 話し合いまではテンポよく！

T （火事の現場のイラストを提示）火事だ！

C 大変だ！（ワイワイ，ガヤガヤ）

T 火事の現場には，誰が来ていたっけ？

C 消防署！（板書する）警察！（板書する）・・・・

T どうしてこんなにたくさんの人が集まれるかと言うと…
（消防センターに関する資料を提示）

C テレビがたくさんある！　マイク，付けてる！

T 本当だね。ここは，消防センターと言って，起こっている火事について，様々な機関に連絡を取るところです。…実は，今日は消防センターで働く方に来てもらっています。

C えー！　本物だ。制服，かっこいい！
（消防センターの方に簡単な自己紹介をしていただく）

T さて，消防センターは，それぞれの機関にどのようなことを伝えていると思いますか？　班で予想してみましょう。
（どの機関について予想するかを振り分ける）

T 話し合っている間，各班を消防センターの人に回ってもらいます。話し合いの後，消防センターの方に，みんなの予想について話をしてもらいます。

上記のような児童とのやり取りで，テンポよく，導入を行っていきます。児童がゲストティーチャーと関われる時間を多くとりたいため，時間としては，５分程度です。予想の話し合いについても同様で，話し合いが長引きそうな場合は，時間制限をもたせるとよいでしょう。

02 ゲストティーチャーの話

児童自身で，ゲストティーチャーが話す内容を予想をしておくことが重要です。**予想をすることで「実際は，どうなんだろう？」という気持ちが児童に芽生えるため**です。教師が「話を聞きましょう」と投げかけるだけの場合とでは，児童の様子は大きく変わってきます。

ゲストティーチャーが話をしている間，教師は児童とゲストティーチャーとのファシリテートを行うだけでなく，板書をします。児童の予想に対しては，児童が記入したホワイトシートとゲストティーチャーの話に関連があれば，印を入れます。話の中での「住所」「関係機関にやってほしいこと」といったキーワードを板書します。このような視覚的な情報は，聞くことが苦手な児童の支援にもなります。

質問タイムでは，教師がどのような質問も認める姿勢を示すことで，児童は安心して意欲的に質問ができます。くれぐれも「授業と関係ないので，違う質問にしましょう」とは言わないように注意しましょう。ただ，教師としては，授業の内容と大きくずれないようにしたいですよね。そこで，質問を促す際には，下記のような流れで行います。

T　（板書でふりかえりながら）
話を聞いていて，すごいと思ったことはある？

C　通報した相手が焦っているから，自分が落ち着くことが大切って話していたこと。

T　先生もそのことには，非常にびっくりした。今度は，せっかくの機会だから，みんなから**「これだけは聞きたい」という質問をしよう**。

C　（近くの児童と話し始める）

T　（机間指導）・・・では，質問がある人？

C　わかりやすく伝えるために，意識していることはありますか？

「これだけは聞きたい」というように指示することで，質問に優先順位をつけるように促し，友達と対話できるようにすることで質問の質を上げます。また，これまでの授業をふりかえるような話をすることも有効です。

03　模擬体験　119番通報

実際に，何人かの児童が消防センターの方と119番通報のやり取りを行う場を設定します。

①右のような資料を提示。

②消防センターの方を相手に，資料をもとにした119番通報の模擬体験を行う。

③落ち着いてできていたかなど，消防センターの方に評価していただく。

住宅
（池田市鉢塚５丁目４－３）

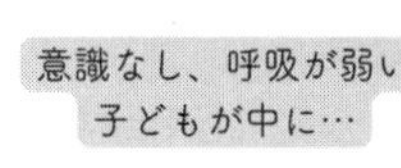

080-0000-1234

見える化のポイント！

①消防センターが様々な機関と連携していることを示す。

②文字だけでなく，地図記号やイラストでまとめる。

③児童がインタビュー中も必要なことを簡単に板書する。

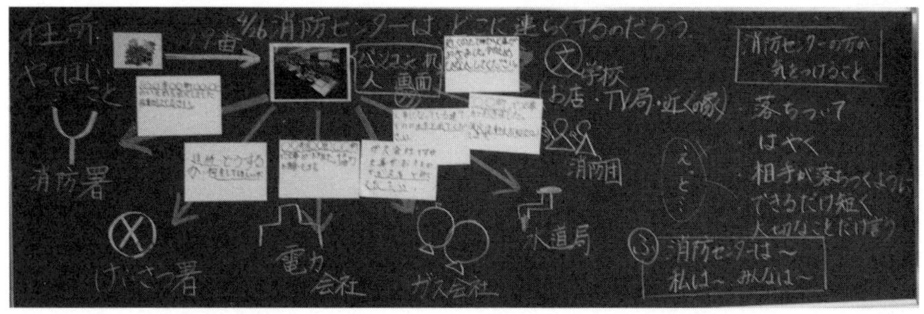

まちの消防施設はどこにあった⁉

自然に対話が始まる地域調査のまとめ方

Visualization of Social Studies Classes

ねらい

　3つの地域調査をまとめ，それらを比較する活動を通して，どこで火事が発生しても迅速な対応ができるように消防施設が配備されていることを理解できる。

◆問いと対話のテーマ

　前時で3つの地域に分かれて消防施設がどこにあるかを調べた児童は，自分たちが調べていない地域に興味がある。「自分たちが調べた以外の地域には，どのような特徴があるかな？」という問いを抱かせる。また，調査結果をマグネットでまとめた後，拡大図を床に広げる。拡大図のまわりに児童を集めると，自然と拡大図を見ながら特徴について対話を始める。

◆授業の流れ

導入	①自分たちが調べた地域の消防施設がどこにあったかをマグネットで拡大図上にまとめる。
展開	②自分が調べた地域以外の拡大図のまわりに友達と集まり，その地域の消防施設の位置の特徴について考える。 ③それぞれの地域の特徴について全体交流する。 ④3つの地域の特徴における共通点とその理由について考える。
まとめ	⑤本時の学習についてふりかえる。

授業の流れと指導のポイント

01 調査結果を拡大図にまとめる

前時の調査「地域のどこに消火施設があったか」の結果を拡大図にまとめます。児童が手軽にまとめられるように，消火栓を赤，防火水槽を青，送水口を緑，採水口を黄としてマグネットで見える化し，拡大図に貼り付けていきます。色分けすることで，それぞれの消防施設がどのように配置されているかが一目でわかるようになります。

02 地域の消防施設の位置の特徴について考える

（児童は床に広げた拡大図のまわりに集まりながら）

C 1　この地域は，防火水槽がたくさんある。

C 2　僕らが調べた地域とは違う。僕たちは，たくさん歩いたのに，防火水槽は１つしかなかった。

C 3　なんか防火水槽だけじゃなくて，全体的に公園の中に消防施設が集まっている。

C 4　広いからかな？　なんか池の上に防火水槽のマグネットが貼られているけど，これはどういうことかな？

C 5　池が防火水槽の代わりになるってことじゃないかな？　後で，調べたグループに聞いてみよう。

自分が調べた地域以外の結果を見ることで，自然と自分たちが調べた地域と比較しながら，消防施設の位置の特徴について考え，対話へとつながります。さらには，全体交流に備えて，実際に調べたグループへの質問を考えている姿も見受けられました。

03 全体交流

（拡大図を黒板に戻す）

T　何か特徴を見つけましたか？

C１　消火栓がたくさんあった。このコースは横断歩道のたびにあった。

C２　池田駅コースも消火栓がたくさんあった。しかも，いろんな場所にあった。

T　水月・秦野コースはどう？

C３　消火栓も多くあったけど，防火水槽と送水口がいっぱいあった。

C２　このコースには，防火水槽と送水口は少なかった。１つしかなかったみたい。

C３　全然なかったんだよ，防火水槽は…。〇〇近くの公園の中にあっただけだった。水槽を置く広さが足りないんだと思う。あと質問があって，池の上に防火水槽のマグネットが置かれているんだけど，これはどうして？

C４　それは，池の水が防火水槽の代わりにもなっているから。見学している時に教えてもらった！

C５　やっぱりそうなんだ。

T　学校のプールとかも，防火水槽の代わりになるんだよ。

C６　なるほど。だから汚くなっても，水を残しているのか（笑）。

T　今の発表のように，調べたグループへの質問もいいね。気になったことがあったら，それも教えてほしいな。

全体交流では，それぞれの気づきを発表していきます。それ以外にも，お互いのグループへ質問したり，教師が児童の気づきに関連させて知識を教えたりしながら交流していきます。また，教師は各コースの特徴を他のコースと比べるようにファシリテートしていきます。それぞれのコースの特徴を引き出していくことは，コースの相違点を引き出していくことになります。

04 3つの地域の共通点とその理由について考える

T　　３つのコースに共通することはあるかな？

C７　どのコースにも，消火栓・防火水槽・送水口・採水口がある。

C８　消火栓なんて，どのコースにも10か所以上ある（笑）。

T　　そんなにいっぱい必要？

C　　いる！　いる！　絶対，必要!!　だってさ…（ワイワイ，ガヤガヤ）

　児童は，どの地域で火事が発生した場合でも，迅速な対応ができるようになっていることに気づいていきます。

　本時で活用した拡大図や児童の気づきは，教室に掲示しておき，いつでもふりかえられるようにしておきます。すると，「消火栓が等間隔のような感じで置かれている理由は？」「消防隊員の点検作業って，いくつしないといけないかな？」といった単元内の様々な問いの解決に重要な資料となります。

見える化のポイント！

①調査地域の地図を拡大，地域ごとに特徴をまとめる。

②消火栓を赤，防火水槽を青，送水口を緑，採水口を黄のマグネットで見える化する。

③３つの地域の共通点を中央に書く。

安全のために，できることを考えよう

児童に切実感をもたせて自分事に

Visualization of Social Studies Classes

ねらい

これまでの学習をふりかえる活動を通して，関係機関が連携をとりながら地域の安全を守っている点について理解を深めるとともに，地域社会の一員として自分たちにもできることを考えることができる。

◆問いと対話のテーマ

これまでの学習から地域の安全には，学校や警察，地域の方々など多くの人々が携わっていることを確認する中で，「みんなにできることはない？」と問うことで，守られる立場から地域の安全を高める立場へと視点を転換させることが重要である。また，児童が考えた自分にできることについて，「普段からよくできているものとできていないもの」に友達と対話しながら分類させる。

◆授業の流れ

導入	①事故と事件の違いについて説明する。 ②これまでの学習から，誰がどのように地域の安全を守っているかについてふりかえる。
展開	③地域の最新の事故や事件の件数について，警察署の HP で調べる。 ④自分たちにもできることを考え，交流する。 ⑤自分たちにもできることを，自分が普段からよくできているものと，できていないものとに友達と一緒に分類する。
まとめ	⑥本時の学習についてふりかえるとともに，自分が心がけていきたいことについてまとめる。

授業の流れと指導のポイント

01 これまでの学習をふりかえる

「事故って，どういうもの？」「事件って，どういうもの？」ではなく，「事故と事件の違うところは？」と問います。そうすることで，児童によって説明の仕方が変わってくるでしょう。多くの児童に発表させることで，多くの例が登場するはずです。また，児童が発表したことをもとに，地域を守っている人々を引き出していくとよいでしょう。

T　誰がこのような事件を防ぐ努力をしているんだっけ？
C１　警察！
T　何をしていたの？
C２　パトロールをしたり，地域の人に呼びかけたりしてる。
T　警察だけで地域を守っているのはすごいなー。大変やね。
C３　警察だけっていうのは，おかしい。児童110番がある。
C４　学校にだって，立ち当番の人がいるで。
T　え？　何してたんやったっけ？
C５　警察に通報することがあったり，一緒にパトロールしたりしてる。

上記のようなやり取りをしながら，学校や警察，地域が連携をとって地域の安全を守っていることを想起していきます。その際，教科書やノート，これまでにまとめてきたものを使いながら考えている児童がいます。その児童を教師が称賛しながら進めると，児童は調べ直しながら活動するようになるでしょう。

02 最新の事故や事件の件数を調べる

T　今は，どのくらいの事故や事件が起きていると思う？　ゼロかな？
C１　ゼロではないと思う。でも，そんなに多くないと思う。
T　警察署のＨＰで調べてみようか。
C２　見たい！　見たい！（教師が警察署のＨＰを電子黒板に提示）
C３　え！　思っていたよりも，多い。
C４　学校の近くで事故も事件も起こってる。

児童は，学校周辺での事故や事件に興味を示します。件数が少ないに越したことはないですが，件数が０という地域はなかなかありません。空間的にも，時間的にも自分たちにとって身近なことがわかってくると，児童は，より自分事として捉えられるようになります。

03 自分たちにできることと真剣に向き合うには切実感を

T　多くの人が安全を守るために努力しているけれど，防ぎ切ることは難しいみたいだね。ゼロにするのは無理？
C　それは難しいと思う…。
T　じゃあ，安全を守るために…みんなはできることないの？
C　それはあるよ！
T　何ができる⁉　みんなで地域をもっと安全にしようよ！

正直なところ，自分にできることは，授業の冒頭で問いかけたとしても，児童は答えられるでしょう。しかし，それは答えているだけで，児童に切実性は生まれていません。授業の導入から，多くの人が地域の安全のために努力をしてくれている点や，自分たちの身の回りで事故や事件が起こっている点などを押さえることで，児童に切実感が生まれてくるのです。ここでは，考える時間と対話する時間を十分にとり，自分の普段の行動についてふりかえることができるようにします。児童に切実感が芽生えていれば，ふりかえる様子や対話の質が変わってきます。

T　みんな，いろんなことができそうだね。自分が普段からできていること，あまりできていないことはどれかな？　ペアで話してごらん。

C 1　僕は，よく信号だけを見て走ってしまうことがあるから，右と左を確認していないことが多い。

C 2　わかる。どうしても渡ろうとしてしまう。でも，「いかのおすし」のことは覚えている。警察の人が教えてくれたし。

児童が自分たちの普段の行動を真剣にふりかえっていれば，具体的なエピソードが出てきます。そこを教師は逃さずに称賛していきましょう。

見える化のポイント！

①現在の事故や事件数を中央に書くことで，左右の板書と関連させやすくする（ごちゃごちゃし過ぎるので，線では結ばない。児童の発言に合わせて指で差すなどして関連づける）。

②発言に合わせて，学校や警察，地域が連携していることを図にしていく。

③自分たちにできることは，事件を防ぐため，事故を防ぐために分ける。

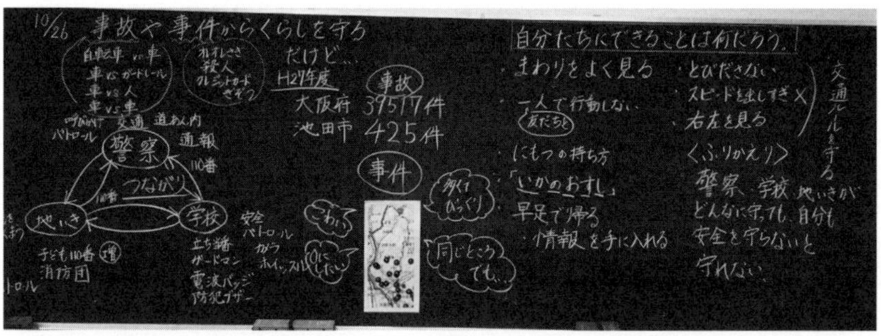

大阪府の地形

Google Earth で好奇心と予想を広げる

Visualization of Social Studies Classes

ねらい

Google Earth を活用して上空から大阪府の様子を調べることで，大阪府の地形の特徴について説明することができる。

◆問いと対話のテーマ

Google Earth を活用すると，空の旅を楽しんでいるような感覚で地理的環境を調べることができる。自分たちの小学校や地域を上空から見ると，「他の地域はどうなっているんだろう？」「〇〇の方へ行ってみたい」という気持ちになる。また，調べながら見つけたことを伝え合ったり，これまでの生活経験から「東の方は山じゃないかな？」といった予想をし合ったりして，話し合うことができる。

◆授業の流れ

導入	**① Google Earth で学校のまわりを上空から調べる。** ・児童の気づきを生かして「建物」「交通機関」「自然のもの」といった観点を伝える。
展開	**②学校を中心に，東西南北に向かって，上空から大阪府の地形の特徴を調べる。** ・Google Earth を少しずつ進めたり，一時停止したりすることで，児童が気づいたことを発表できるようにする。 **③地図帳で山地・山脈・川・海，近隣の都道府県などを確認する。** **④ノートにまとめた絵地図をもとに，大阪府の地形の特徴について友達に説明する。**
まとめ	**⑤大阪府の地形の特徴について，「東には〇〇や□□があって」というように具体的にまとめる。**

授業の流れと指導のポイント

01 Google Earth で学校の周辺を調べる→調べる観点を押さえる

T　今日は空の旅に出よう！
C 1　うわ！　地球や！
T　ワープ！
C 2　あー，〇〇小学校！
T　北に行ってみよう。
C 3　あ，線路が出てきた。JR だ！
C 4　高速道路もあるよ。
T　お！　大きな道路や線路など交通に関するものに注目できているね。
C 5　川が出てきたよ。淀川かな？
C 6　大阪城もあるよ！
T　お！　有名な建物を見つけることができたね！

児童はGoogle Earth が大好きです。何度使っても「どこに行くの？」と興味津々で聞いてきます（笑)。４年生のはじめは，教師が全体の場で使用するとよいかもしれませんが，児童自身でも扱えるようになるので，どんどん活用させてもよいと思います。

さて，導入部分についてです。児童はGoogle Earth がどのようなものかを学校まわりを調べることで理解していきます。そこから空の旅に進んでいくと，児童はいろいろなものを見つけ始めます。教師は，その児童の気づきに対して価値づけを行っていきます。特に，気づかせたい観点に関する気づきを逃さないようにしましょう。私は，「建物」「交通機関」「自然のもの」といった観点に，児童が注目できるように言葉かけを行っていきました。

02 東西南北ごとに絵地図にまとめていく

空の旅は，ぐるぐる回るのではなく，東西南北の４方向で行います。東西南北ごとに行うことで，児童は学校と気づいたものとの位置関係を捉えられるようになります。また，川などの大きな目印になるものまでくると，Google Earth を一時停止します。そこで，「この川まで何があったかな？」と問いかけます。児童は，見つけたものを答えていくでしょう。それらを板書にまとめていきます。細かくまとめていく必要はありません。むしろ，大まかにまとめて概観が視覚的に捉えられるようにします。

03 地図帳で名称を確認する

東西南北ごとでの地形の特徴を調べ終えると，「中心部が都会で，まわりは自然！」「山や川に囲まれている」「山を越えないと違う県に行けない」といった呟きが出てきます。そこで，「この山は何という山かな？」と問いかけていきましょう。児童は，地図帳も大好きです。どんどん見つけさせます。１人の児童にすぐ言わせるのではなく，「見つけた人は，ヒントを教えてね」と言葉かけしていきます。すると，児童から「大阪城よりも東にある」「近くに○○があるよ」といったヒントが出てきますし，「ウの３のところにあるよ」といった上手な地図帳の使い方も学習できます。ちなみに，地図帳を使う時は，２人で１冊の地図帳を使うと，必然的に対話しながら探すことができるので，かなりおすすめの方法です。

04 大阪府の地形の特徴を説明する

T　ペアで大阪府の地形の特徴について説明してみよう。相手に説明してほしい方角を指定しましょう。説明ができたなら，クイズをしても面白いですよ。

C１　学校から東に行くと，どうなりますか？

C２　はじめの方は，都会なので，ずっとマンションやビル，住宅が続きます。すると，工場が増えてきます。工場も越えると，山が出てきます。

C１　その山は，何と言いますか？

C２　生駒山地です。そして，奈良県になります。

上記のようなペアトークを何度も行います。その際には，「地図帳で調べた名前をたくさん使えるといいね」「ノートの地図を指差しながら説明できるとわかりやすいね」といった言葉かけを行います。ペアトークが上手くなってきたら，一度，教師が黒板を使って，全体に説明します。「先生みたいに，説明してみませんか？」と声をかけると，挑戦できる児童もいるはずです。ぜひ，挑戦させてあげてください。

見える化のポイント！

①黒板の中央に小学校を位置づける。
②大まかなことがわかる絵地図にしていく。
③山地・山脈・川・海，近隣の都道府県名などを色分けしながら大きく書く。

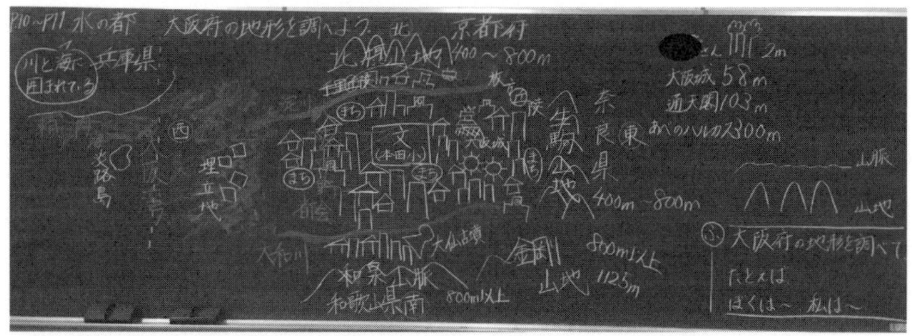

水の循環

見える化することで水の循環を捉える

Visualization of Social Studies Classes

ねらい

生活に関わる水の通り道に関して学習してきたことをまとめていく中で，児童が水の循環について理解できるようにする。

◆問いと対話のテーマ

「みんなが使っている水のスタートは，どこなの？」という曖昧な発問と児童の答えに対する「本当にそこから？」という問い返しで，児童が水の循環についてふりかえられるようにする。

◆授業の流れ

導入	**①わたしたちの生活を支える水のスタート地点について話し合う。**
展開	**②これまでの学習をふりかえりながら，個人で水の通り道についてノートにまとめていく。** ・Google Earth やこれまでの資料で調べ直しながら，まとめる。 ・自分なりにまとまった児童から，友達と交流していく。 **③ノートにまとめたことを全体で交流する。** **④導入における生活を支える水のスタート地点についての発問に対して，意見が分かれた理由を考える。** ・板書をもとに，水の循環が視覚的に捉えられるようにする。
まとめ	**⑤本時の学習についてふりかえる。** ・施設名を入れるように促すことで，児童が水の循環について具体的にふりかえられるようにする。

授業の流れと指導のポイント

01 曖昧な発問から

T　これまでみんなが生活で使っている水について学習してきたね。
（家や学校を板書する）

C　うん。浄水場を見学したりした。

T　そのみんなが使っている水は，どこからスタートしてるの？

C　水道のこと？

T　え!?　水道からなの？

C　ん？　雨のこと？

T　水って，いきなり空に発生するんか…。マジックみたい！

C　いやいや，理科で蒸発するって言ってた。だから，海とか川とか，空に上がっていく。

T　（とぼけるように）海とか川とかも通るの？
（海や川を板書する）

C　取水場の人が川から水を取ってるって言ってた！
（取水場を板書する。川と取水場をつなぐ）

T　いろいろ通るんやね…。取水場の後は，海に流すよね？
（取水場と海を板書でつなぐ）

C　違う，違う！　それじゃあ，自分たちのところに水が来てない（笑）！
（板書上の取水場と海とをつないでいる部分を消す）

T　難しいなー。じゃあ，水がどこからどこへ通るのか，通り道をわかりやすいようにまとめてみてよ。

上記のような児童とのやり取りで，導入を行っていきます。
最初に「水はどこからスタートするの？」という曖昧な発問をすると，児童は水の通り道を呟き始めます。教師は，とぼけながら板書したり，問い返しをしたりすることで，児童は「先生，わかってないなー」という楽しい雰囲気のもと，これまでの学習を想起できます。水の通り道に関するワードが，程よく板書で捉えられるようにしたところで，児童に委ねます。この**中途半端な板書が，児童が自力でまとめるための手立てとなります。**

02 机間指導中に教師が呟く

まず，教師は静かに机間指導を始めます。教師が何も言わないことで，児童が集中して取り組み始めます。このような雰囲気の中，教師は，はじめに書くことが苦手な児童を支援します。例えば，板書上のワードを教師がノートに書き，「水が通る順につないでみて」と児童に声をかけるなどです。教科書やこれまでの資料を使うことも大いに認めることで，児童が安心して取り組めるようにします。

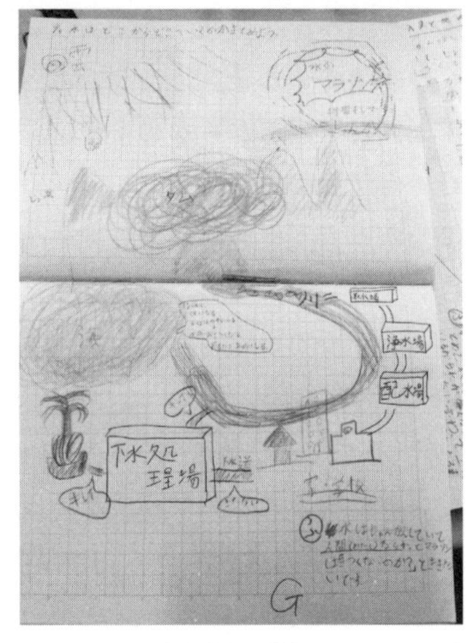

何人かの児童ができてきたところで，教師が「○○さんのノートを見ると，水は５か所も通るんだね！」と呟きます。すると，他の児童が「え！　５か所も通るの？」「もっと通るよ！」「見せて，見せて！」というように，水の通り道についての対話が始まります。

03 水のマラソン!?

水の通り道に関する施設名や通る順番など，児童それぞれがノートにまとめたことを全体で共有していきます。

板書上で水の通り道がまとまってくると，児童は水が循環していることに気づき始めます。予定では「授業のはじめに，水のスタート地点は？　と聞いた時に，意見が分かれたのはどうして？」と発問するつもりでした。しかし，児童が視覚的に水の循環について捉えていたため，その必要はありませんでした。下記は，実際の授業の様子です。

C１　なんか先生，水がマラソンしてる。
T　ん？　Ｃ１さんが言っているのは，どういうこと？
C２　水が，何周も，何周もしているから。
T　もう少し詳しく教えて。
C３　海の水が蒸発して，雲になって，そこから雨が降って…。
そして，海に戻ってる。
T　確かに！
C１　水は疲れないからできるんだと思う。僕には，無理だなー（笑）。

見える化のポイント！

①児童の発言に合わせて少しずつ板書する。
②文字だけでなく，イラストでまとめる。
③水がきれいかどうかを吹き出しで示す。

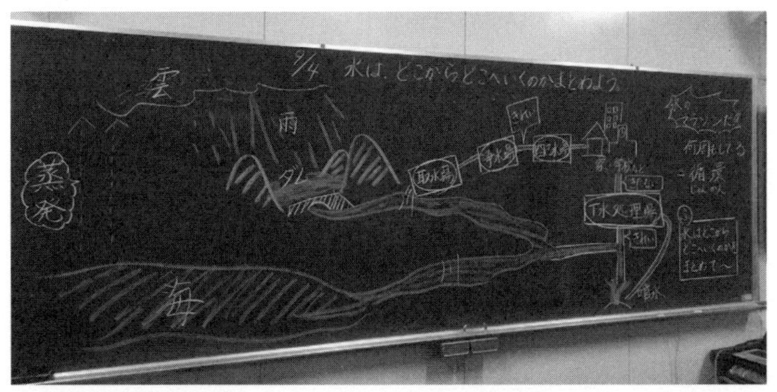

日本と五大陸

地形から五大陸の正しい位置を考える

Visualization of Social Studies Classes

ねらい

地図と地球儀で地形に注目しながら五大陸の位置を調べる活動を通して，日本と五大陸の位置関係について説明できるようにする。

◆問いと対話のテーマ

５年生の児童は，これまでに世界地図を見たことがある場合が多い。しかし，地形だけの地図を見ている場合は少ない。そのため，教師が大陸ごとの掲示物を間違った位置で提示したとき，「正しい位置じゃないな？　でも，どうすれば正しいのだろう？」という問いが生じる。そこで，あえて地球儀で調べさせることで，児童が地形に着目できるようにする。また，グループに１つの五大陸カード，１つの地球儀を準備することで，児童は協働しながら「どこに，どの大陸が正しいのかな」と話し始める。

◆授業の流れ

導入	**①課題「日本と大陸を正しい位置にして地図をつくろう」をつかむ。** ・教師が誤りのあるバラバラの世界地図を提示することで，課題に対する児童の意欲を高める。
展開	**②グループごとに，地球儀で正しい大陸の位置を調べる。** ・地球儀で調べながら，大陸ごとに分けられたカードを並び替える。 **③カードを正しい位置に配置できたグループから，日本と五大陸をノートに書いていく。**
まとめ	**④必須ワード，禁止ワードを設定し，日本と五大陸の位置関係について説明する。**

授業の流れと指導のポイント

01 「おかしいぞ？」と感じさせつつも，楽しく！

T　（黒板に大陸ごとの掲示物をバラバラに貼る）
C　先生，それは，おかしい。日本が逆さまになってる。
T　じゃあ，こう？（日本を逆さまにする）
C　それでも，位置がおかしい。
T　じゃあ，こう？（日本を黒板の端にする）
C　いやいや，日本は，そんな端にはないよ。
T　そうか！　日本の地図やもんね。違う国なら，真ん中じゃないかも？
　　でも…じゃあ，こう？（日本を正しい位置にする）
C　いやいやいや，日本以外もおかしいよ。大陸は，そんな場所にない！
T　えー，難しいな。どのように並べたらいいか教えてくれる？
C　できる，できる！
　　（グループごとに，大陸カードを配付する）
C　え!?　国の名前がない！　確か…こんな感じ？
T　これ使っていいよー。
　　（地球儀を渡す）

５年生はじめの単元であるため，児童が「社会科，楽しい！」と感じる学習活動を多く入れたいところです。本時は，５年生になって２時間目の社会科です。１時間目は，地球儀にたくさん触れて，海が多いこと，大きな陸があることなどを押さえています。

上記のような児童とのやり取りで，導入を行っていきます。最終的には，日本を中心に位置づけて活動できるようにします。

02 調べるツールは地球儀

カード１組，地球儀１つでグループ活動を行うことで，地形に注目しながら対話ができるようにします。

C１　Ｂのカードは，これじゃない？（地球儀で示しながら）
C２　本当だ。この部分が突き出てる。
C３　…ってことは，日本よりも西にあるから，このあたりかな？
T　もっとこっちじゃないの？（カードを日本に近づける）
C４　先生，日本は海で囲まれてる。日本に近すぎるよ。
T　あー，大阪湾があるもんね。
C１　大阪湾って（笑）。違うよ。インド洋！

児童の間では，上記のような対話が行われます。教師は，上記のような揺さぶりをかけたり，「どうしてそこなの？」と問いかけることで，児童が位置や空間的な見方・考え方を働かせることができるように支援します。

グループによって，地図の完成するタイミングは違ってきます。早く地図が完成したグループには，「では，完成した世界地図を自分のノートに残そう。ただし，レベル１～３段階で。レベル１は，１分以内に描けるけど，世界地図とわかるように。レベル３は，できるだけ詳しく」と指示します。簡単な世界地図を描けることは，本時だけでなく，今後の学習にも生きてきます。

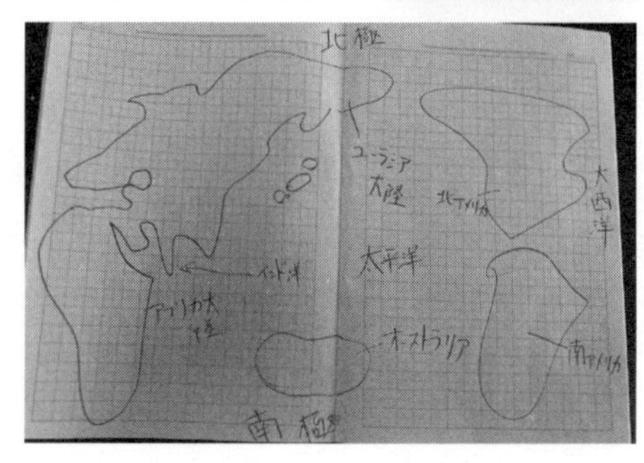

03 大陸の位置を説明する

全グループが地図を完成させたら，日本との位置関係を確認していきます。ただ説明するだけでは，児童は面白くありません。そこで，下記のようにゲーム性をもたせます。いきなりは難しいので，ペアで取り組んでから，全体の前でチャレンジにすると，児童は自信をもって取り組めます。

（教師が見本を示した後）

T　では，同じように，黒板の地図を使って，大陸の場所を説明してください。

C　できる！

T　ただし，「えー」や「あのー」を言ってしまうと，失格です。

C　日本の北にある大きな大陸がユーラシア大陸で，南にある大陸がオーストラリア大陸です。日本の西にあるのが，えーっと…

T　アウト！　惜しい!!

C　ハイ，ハイ！　次，次!!

見える化のポイント！

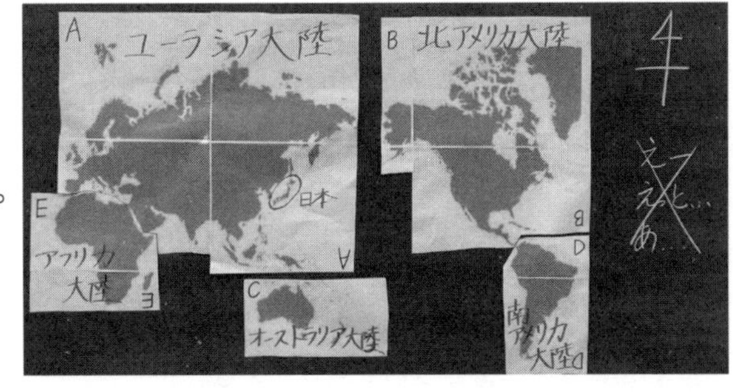

①五大陸をバラバラにしておくことで，大陸の位置を自由に変えることができるようにする。

②最後に，児童に五大陸の位置関係を説明させるため，不要なものをできるだけ書かないようにする。

③説明の際に，必須ワードである「東西南北」や禁止ワードを明記する。

少し未来の自動車

気づきが生まれる資料提示の方法

Visualization of Social Studies Classes

ねらい

数年後に発売予定の最新式の自動車と現在の自動車とを比べる活動を通して，自動車工業が人々の願いを実現しながら発展していることを理解できるようにする。

◆問いと対話のテーマ

少し未来の自動車に関する動画資料を一部だけ見せたり，児童が自動車の未来を予想したりすることで「これからは，どのような自動車が登場するのだろう？」という問いを児童が抱くようにしていく。また，児童が「少し未来の自動車」という多くの気づきを発見できる資料を活用することで，それぞれの気づきを表現したり，説明したりできるようにする。

◆授業の流れ

導入	**①自動車のイラストを板書しながら児童と現在の自動車について話し合う。** **②大手自動車企業が開発している最新式の自動車の動画を少し視聴したり，自動車の未来を予想したりする。**
展開	**③最新式の自動車を紹介する動画を調べる。** ・現在の自動車との相違点に着目させることで，児童が自動車の発達部分に気づくことができるようにする。 **④未来の自動車について考える。** ・児童が人々の願いをもとに，自動車は発達している点に気づくことができるようにする。
まとめ	**⑤本時の学習についてふりかえる。** ・書き出しを提示することで，児童が本時の学習を想起できるようにする。

授業の流れと指導のポイント

01　導入では，最新式の自動車の画像や動画を出し惜しむ

T　（タイヤを描く）
C　あ，車や！
T　（イラストを描きながら）自動車って，あと何が必要かな？
C　ハンドル！　窓！　ドア！　排気ガスの出るところ！
（ワイワイ，ガヤガヤ）
T　先生が専門家に教えてもらった自動車と違うなー。（最新の自動車をチラッと見せる）
C　え！　何，今の⁉
T　だから，教えてもらった自動車だよ。（再び，チラッと見せる）
C　えー，何⁉　あんな車は見たことがない‼
T　実は，少し未来の車です。どのような自動車だと思う？
（予想が始まる）

現在の自動車は，児童の生活経験をもとにすればよいので，資料を準備する必要はありません。しかし，現在の自動車のことを想起する場面は必要です。そのため，イラストを活用しながら，自動車のことについて話していきます。なお，イラスト以外の手立てもあります。例えば，児童が「ハンドル」と呟いたところで，ハンドルを握るジェスチャーをします。すると，ハンドルがまるいものだと想起できますよね？　この後に提示する未来の自動車のハンドルがまるくなければ…。児童は，驚きながらも，非常に興味を示すはずです。このように，普段の生活の中のことを，イラスト化やジェスチャーといったちょっとしたテクニックで見える化することも，非常に有効な手立てとなります。

02 最新式の自動車を動画で調べる→発達の理由は？

T　みんなが知っている自動車と違うところはあるかな？
　（１台目の最新式の自動車に関する動画を提示）
C１　排気ガスを出すところがない。
C２　タイヤの形が違う。
C３　先に，危険な箇所を教えてくれる。
　（２台目の最新式の自動車に関する動画を提示）
C４　自動運転だ。
C５　えー！　スマホを使って，車体の色を変化させている。

私は２台の最新式の自動車に関する動画を提示しました。２台も提示したのには理由があります。上記のように，児童は自動車が発達している部分について呟き始めます。教師は，これらの呟きがどのような面につながるかを想定しておくことが重要です。１台目の自動車を見ている時，児童は環境面や安全面に関する発達に気づいています。２台目の自動車を見ている時，児童は主に快適さに関する発達に気づいています。気づきを発表した後，「今のままでも十分なのに，どうしてこのような車が登場するのかな？」と問いかけることで，多面的に人々の願いを引き出していきましょう。

ちなみに，最新の自動車は，各自動車企業が多くのＰＲ動画を作成していますので，ぜひチェックしてみてください。１台で十分な気づきを得られるものであれば，それで十分です。

03 未来の自動車を考える

板書上に，人々の願いが吹き出しになって増えてくると，児童は「人々の願い→自動車の発達」に気づいていきます。私の授業では，「ペースを落とさずに，遠くまで行きたかったから，馬車から自動車に変わったんやと思う。

そんな感じで，人が安全になったり，楽になったりするように進化してる」と発言する児童がいました。

これらを踏まえて，未来の自動車を児童に考えさせます。多様な考えが発表されると思いますが，「人々の願い→自動車の発達」の関係が引き出せるように，「どうして，そんな素敵な自動車が登場すると思うの？」と問い返していきましょう。

04 本時の学習をふりかえる

記述式で学習をふりかえる際には，書き出しを提示すると，児童はグッと書きやすくなります。また，そのふりかえりを活用して，ペアで学習の内容を伝え合うことも学習の定着につながります。

見える化のポイント！

①板書の中央に，現在の自動車のイラストを描くことで未来の自動車との違いを捉えやすくする。

②過去・現在・未来の流れが矢印でわかるようにする。

③人々の願いを吹き出しに表す。

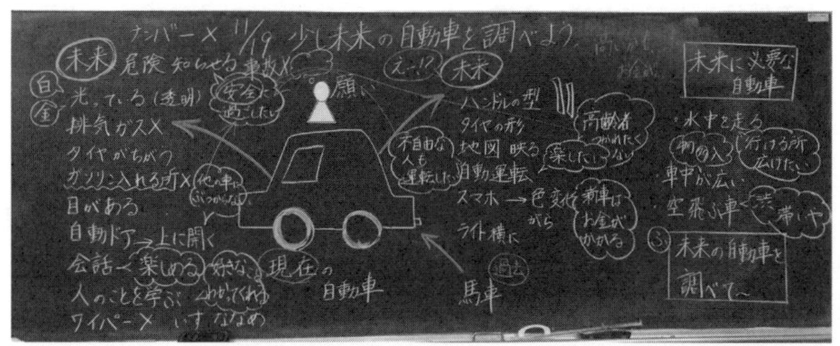

林業に従事する人々の努力

実物と実際の声を通して大変さを理解する

Visualization of Social Studies Classes

ねらい

森林の育成や保護に従事している人々の取り組みについて調べる活動を通して，森林の育成や保護に関わる人々の努力や工夫を考えることができるようにする。

◆問いと対話のテーマ

様々な資料を提示し，木材を育てるためにかかる時間の長さや天然林と人工林の違いに気づかせることで「森林を育てる人は，長い時間，どのようなことをしているのだろう？」という問いを児童が抱くようにしていく。また，児童に最も大変だと思う手入れを選択させることで，従事する人々の努力について対話できるようにする。

◆授業の流れ

導入	**①丸太を提示し，育成期間を予想する。** ・児童が年輪や重さに注目しながら丸太に触れることで，育成には長い年月が必要であることを体感できるようにする。
展開	**②天然林と人工林の違いを調べる。** **③最も大変だと思う手入れについて話し合う。** ・「正解を探す」のではなく，「自分はこう思う。なぜなら～」を考えさせ，各手入れでの努力や苦労を多様に引き出す。
まとめ	**④森林の育成に関わる人（ゲストティーチャー）からの話を聞き，児童が次時の学習に期待をもてるようにする。** ・次時を森林の育成に関わる人へのインタビュー時間とする。

授業の流れと指導のポイント

01 実物は，児童を魅了する最強のツール

T　（丸太を小さいものから順に提示する）

C　うわー，大きい!!

（児童が自然と丸太のまわりに集まってくる）

C　めっちゃ重たい。

C　１，２，３・・・（年輪の数を数え出す）

C　皮はザラザラする。

でも，切ってある部分はサラサラ。

T　この丸太たちを育てるのには，何年かかったと思う？

実物は，児童を魅了します。リアクションが大きいだけでなく，積極的に丸太を調べ始めました。私は，ゲストティーチャーの方から丸太をいただきました。でも，丸太は，ホームセンターなどでお手頃な価格で売られています。年度当初に，教材費で購入することをおすすめします（笑）。私の学校では，次の年も使っていたので好評ですよ。

実物でなくとも，写真を提示して，木の高さや太さ，年輪などに注目させることで，児童は育成期間の長さを感じることができるでしょう。それぞれの丸太の育成期間を伝えたところ，「お母さんくらいの年齢や」「100年は，ひいおばあちゃんぐらいや」「120年とか，人間では無理やー」など，児童ならではの表現をしていました。

02 天然林と人工林の比較

私は，ゲストティーチャーの方の森林の写真を使いました。これもまた実物との相性があるからです。資料と児童の距離がグッと縮まります。実際,「あの木は,丸太の皮と似ている!」と呟く児童もいました。実物に合わせたものが難しくても,教科書や資料集に,天然林と人工林の違いの写真は必ず掲載されています。そちらを活用してもよいです。

ここでは,人の手が加わっていることによる森林の違いを理解できるようにします。テンポよく進めましょう。私の授業では,「人工林は枝が切られている」という発言があったので,そこから「どのような手入れがされているかというと…」という流れで,手入れの資料を提示していきました。

03 手入れの大変さについて考え,交流する

(手入れの資料を提示していくと)

C1　うわー。

T　どうして,うわーって言ったの?

C1　高そうなところで手入れしているから,落ちたら…と思って。

T　なるほどね。みんなは,どれが大変そう?

C　(ワイワイ,ガヤガヤ)

T　じゃあ,どの手入れが一番,大変だと思う?　もっと言えば,どの順で大変そう?

(個人で少し考えた後,交流)

C2　夏の時期に暑い中で,あの服を着て作業するのは大変だ。

C3　僕も③の資料で,熱中症とかにならないのかな?　と思った。

C4　それなら①も暑い中で,しゃがんでやっている。

T　じゃあ,日陰でしている④や⑤は楽にできるね?

C5　いや,私は④だと思って,教科書とかを読むと,1日で40本も切るって書いてあるから,機械を使っていても大変だと思う。

C6　それを運ぶ⑥だって大変。木が大きいから重いだろうし。トラックまで運ぶことが難しい。

児童は危険かどうか，体力が必要かなどを根拠に考えていました。教師は，児童が対話しやすいように，資料にナンバリングをしたり，話す内容を聞いたりして揺さぶりをかけていきます。

04 ゲストティーチャーにつなぐ

ここまでですと，児童の予想で終わってしまうので，やはり従事する方の話は必要です。

流れとしては，最後に丸太の値段を提示しました。すると児童から，「えー，安すぎる」「外国の影響？」「えんぴつもほぼ人生分の時間をかけてるのに…」「どうしてこの仕事を…」と声が上がりました。児童が「聞きたい」と感じたところで，ゲストティーチャーと出会い，「次の社会科で質問してみよう」と終わりました。道徳ではありませんが，社会科で働きがいや自然への愛情等を実感させるのもよいのではないでしょうか？

見える化のポイント！

①実物でインパクトを！

②実物を何度も活用して，従事者の努力を強調する。

縄文時代と弥生時代のくらしの比較

「どちらが幸せ？」という問いから考える

Visualization of Social Studies Classes

ねらい

前時までに調べてきたことを関連づけて，縄文時代と弥生時代の人々のくらしの様子について考えることができるようにする。

◆問いと対話のテーマ

前時までに，児童は縄文時代と弥生時代のくらしについて様々な観点で調べている。本時では，「縄文時代と弥生時代では，どちらが幸せだと思うか？」とあえて抽象的に問うことで，児童が食事や道具，人々のつながりなど多面的に考えられるようにしている。また，縄文時代と弥生時代を比較する問いになっているので，立場のズレから対話につながっている。

◆授業の流れ

導入	**①前時での児童のふりかえりをいくつか紹介する。** **②「縄文時代の人々は家族と幸せに暮らしていたと思う」という記述を生かして，課題設定する。** （ふりかえりにない場合でも，教師から提示すればよい）
展開	**③自分の立場と根拠をノートやタブレット端末でまとめる。** **④立場を自由に変化させながら，課題に対する議論をする。** ・教師は，「どうして，そう言えるの？」と問いかえすことで，児童が資料を根拠にできるようにする。
まとめ	**⑤それぞれの時代のくらしについてレーダーチャートにまとめる。**

授業の流れと指導のポイント

01 児童のふりかえりを取り上げる

T　〇〇さんのふりかえりに「縄文時代の人々は家族と幸せに暮らしていたと思う」とあったんだけど，みんなはどう思う？

C1　確かに。私もそう思った。

C2　僕は，弥生時代の方が幸せと思うけどなー。

（ワイワイ，ガヤガヤ）

T　じゃあ，今まで調べてきたことを思いかえして考えてみよう。

児童のふりかえりを取り上げることは，非常に有効です。まず，ふりかえりをまとめる際の意欲につながります。また，教師がいきなり課題を提示する場合と，雰囲気が少し異なります。言葉で表すのは難しいですが，和やかでかつ児童が興味を示している雰囲気です。そして，取り上げられた児童も，自分の考えが学級に広がっていく感覚を味わうことができます。

上記のような児童とのやり取りで，導入を行っていく。児童が口々に話し始めるのは，問いに対して興味を示している姿の表れです。

02 議論の中での教師の役割とは

議論に入る前に，立場の違う児童同士で自由に話し合います。児童が違う視点からも考えられるようにするためです。また，全体での議論へのウォーミングアップにもなります。児童が議論をしている間，教師は議論の道筋や方向性を考えながらファシリテートしていく必要があります。本時では，単元名にもあるよう

に，くらしについて考えていくことが目的です。そこで，児童が衣食住や道具，人間関係といった観点で議論できるようにします。

そのために，教師は，この時間までの児童のふりかえりをしっかりと把握しておく必要があります。そうすることで，「でも，こんな意見を書いている人がいたよ？」と揺さぶることや，「○○さんは，同じようなことを考えていたけど，理由が違ったよね？」という意図的指名などが可能になります。

03 レーダーチャートでのふりかえり

レーダーチャートでまとめることで，児童が「安心」「衣服」「食事」「住居や建物」「道具」の観点を踏まえて，ふりかえりができるようにします。衣食住に加えて「安心」や「道具」という観点があるのは，争いの有無による違い，狩猟・採集と米づくりといった点を押さえるためです。

04 参観者の感想

本時は，他校より自主的に授業を参観に来られた先生がいました。その方が，授業の感想をまとめてくださいました。授業の様子が伝わるかと思うので，紹介させていただきます。

佐野先生授業

＜板書＞

児童の発言を聞いて何を黒板に書くのか，そのチョイスが絶妙で，児童の考えをさらに刺激しながらも意見をまとめて…というのがすごかったです。「児童の発言をまずは板書する」というところからやり始めたけど行き詰まっていたので，とても参考になりました。

また，児童たちが板書を見て話していたのがとても印象的でした。黒板に書かれていることが児童たちの考えをより深めて，学びを深める役割を果たしていると思いました。

<発問・問いかけ>

板書にもつながりますが，児童の発言の拾い方がとても勉強になりました。拾って黒板に書いて，さらにつながるような発問をして，違う子の意見を聞いて…という流れがすごかったです。

児童の発言の大切な部分を欠かさず拾っているなと感じました。

<その他>

レーダーチャートを使って学びをまとめる工夫がとても面白かったです。最初にノートに書いたことを授業の終わりに再度まとめ直すという単純なことではなく，工夫したまとめになってるのはとても勉強になりました。

見える化のポイント！

①左右で縄文時代と弥生時代の内容を分けて書く。

②「自由」「安定」といったいくつかの発言から共通して出てくるワードは色を変える。プラス面はオレンジ色。マイナス面は青色。

③発言のあった児童のネームプレートを貼ることで，「〇〇さんの意見に対して」と友達の意見に関連づけた発言を促す。

④「自分だったら，こう感じる」というように自分と比べたり，現在の生活と比べている発言を認める。

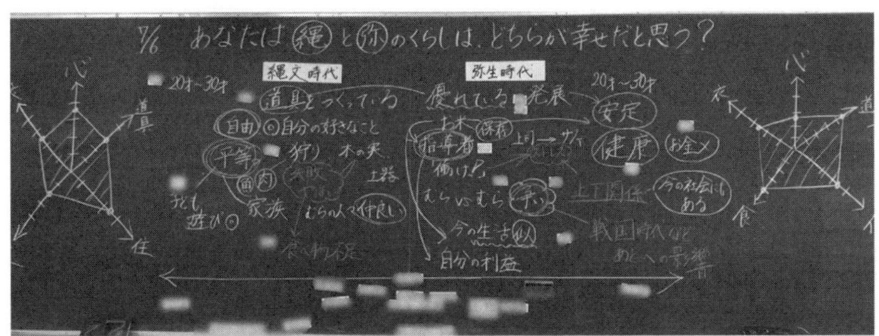

織田信長と豊臣秀吉の比較

実績から人物のパラメーターを考える

Visualization of Social Studies Classes

ねらい

前時までに調べたことを根拠に，織田信長と豊臣秀吉が行った戦い，政策，外国との関わりなどの評価をすることで，織田信長・豊臣秀吉が行った事業と戦国の世の変化の関係について考えられるようにする。

◆問いと対話のテーマ

前時までに，児童は織田信長と豊臣秀吉の業績について調べている。本時では，「織田信長と豊臣秀吉の人物カルタのパラメーターをどうする？」と問う（人物カルタについては後述する）。パラメーターは，強さ・賢さ・外国との関わりといった観点で，個々でつける。２人同時にまとめることで，児童は自然に織田信長と豊臣秀吉の個々の業績や政策のねらいを比較することとなる。また，個々でパラメーターをつけることにより，数値のズレが生まれ，対話につながっていく。

◆授業の流れ

導入	①本時の学習に関わる人物名などを発表する。 ②前時に個人でまとめたパラメーターの数値が違う人とペアをつくり，自分の考えについてペアトークをする。
展開	③強さ・賢さ・外国との関わりのパラメーターについて，全体で話し合う。 ④織田信長，豊臣秀吉を象徴する言葉を考える。 ⑤戦国時代の後半には，乱世から全国統一，下剋上の世から兵農分離が進んだこと，外国との関わりが減少していることといった社会の変化を捉える。
まとめ	⑥話し合いを踏まえて，織田信長と豊臣秀吉の実績を根拠に，それぞれの人物のパラメーターについて，個人でまとめる。

授業の流れと指導のポイント

01 教師が意図的にペアを決めてペアトークを行う

「豊臣秀吉がしたことを３つ答えよ」などクイズ形式にして，テンポよく授業を始めます。少し進んだら，「織田信長の強さが１の人？」「豊臣秀吉の賢さが４の人？」など数値を問います。児童は，各々が設定した数値で挙手します。すると，みんなバラバラであることに気づき，「えー，なんで？」と呟き始め，対話への意欲が高まります。そこで，教師が意図的に組んだペアでトークを行います。前時までのふりかえりで数値の設定が違う者同士がペアになるようにします。より多角的に考えることができたり，自分では気づいてなかった見方や考え方と出会えたりするためです。

C１　織田信長の賢さを４にした。だって，鉄砲を取り入れたり，キリスト教を保護することで外国とつながったりして賢い！
C２　確かに。でも僕は２にした。
C１　え！　なんで，なんで？
C２　最後は明智光秀に裏切られてしまうわけだから，敵のことばっかり考えていて，家来のことを見てなかったんじゃないかと思う。
C１　なるほど。家来に対して冷たい態度の時もあったらしいし。絶対，信長の家来は，大変だったと思うな。成果上げないといけないし。

02 議論の中での教師の役割は

ペアトークで話したような内容を全体で交流していきます。児童が議論をしている間，教師はパラメーターの数値を使って揺さぶりをかけます。マグネットを使い視覚的に変化させることで，様々な意見を引き出していきます。

C１　織田信長の強さを５にした。なぜなら，桶狭間の戦いでは，少ない軍勢で大軍の今川義元を倒したから。

C２　私も，信長は強いと思うから５にした。豊臣秀吉もすごいけど，その秀吉を家来にしていたんだから。

T　なるほどなー。じゃあ，織田信長の家来だった豊臣秀吉は，家来だし，１でいいよね？（マグネットを強さ１のところに動かす）

C　いやいやいや！　先生，やりすぎ!!　おかしい，おかしい!!

T　ん？　やりすぎって，どうして？

C３　秀吉は信長の家来だったけど，弱いってわけじゃなくて。むしろ，とんでもない数の戦いに勝っているから，強さは４とか５くらいだよ。

このように，教師がとぼけることで，児童が調べてきたことを根拠にツッコミを入れられるようにすると，児童の学習意欲を保ちながら，議論を進めることもできます。また，用語を短冊にして提示しておくと，様々な意見に関連させながら板書することができる上，用語を想起するというステップが省略されるので，児童の思考を促すことが可能です。

03　人物を象徴する言葉を考える

私の学級では，単元を１つ学習すると，歴史上の人物を右のようなカルタにまとめています。必ずカルタである必要はありませんが，児童にとって「まとめたくなる」ような成果物にするとよいでしょう。

本時後半では，「カルタのパラメーターを考えることはできそうだけど，

カルタの○印の部分を，あなたはどうしようと思う？」と投げかけました。いわゆるキャッチフレーズを考えるということですが，伝わりにくい児童もいるので，視覚的に捉えられるように留意します。

04 江戸時代へとつなげる

その後は，世の中の変化を視覚的に捉えさせます。今回の板書では，「裏切り」「地位が低かったが高くなった」「農民を管理」という言葉を同色で囲みながら「このように下剋上が起こっていたが，下の者が上の者に逆らえないようになっていった」と説明します。すると，児童から「先生，外国との関係も変わっている」という声がありました。「本当だね。外国の人が来ていたけど，外国との関係を閉じていっているね。こんなふうに世の中が変わっていっている中で，次はこの人だよ」と徳川家康を提示します。江戸時代の身分制や鎖国につながるので，ぜひ触れておきたいところです。

①左右で織田信長と豊臣秀吉の内容を分けて書く。
②観点や２人に関連する用語を中央に書く。
③左から右に世の中が変化していったことを捉えられるようにする。
④パラメーターの数値をマグネットで動かせるようにする。

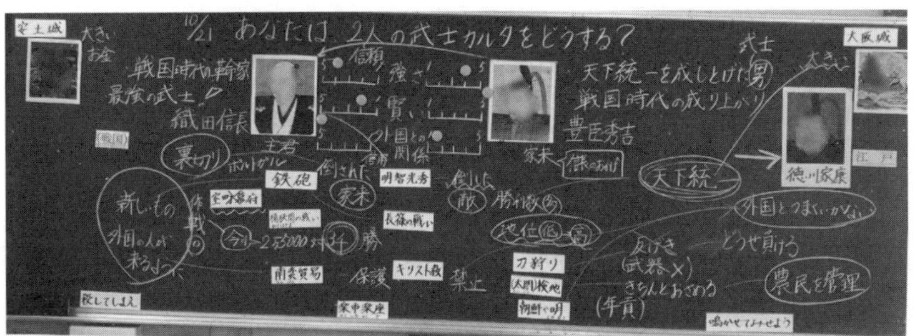

原爆ドームに込められた人々の思い

資料をもとに予想を引き出す

Visualization of Social Studies Classes

ねらい

原爆ドームや被爆直後の広島市内の写真や被爆者の方の話から，戦争を始めた背景について問題意識をもつことができるようにする。

◆問いと対話のテーマ

語り部さんの映像資料などをもとに，当時の人々の思いを予想することで，自分たちと変わらない人々が戦争の犠牲になったことを理解する。「生まれた時代が違うだけで，こんなにも生活が違うのか…」という切実感を児童が抱けていることが重要である。授業の最後に，「戦争が行われていた時代について学んでいく上で，何を学びたいか」という点を，児童一人ひとりが考えられるようにする。

◆授業の流れ

導入	①映像で現在の原爆ドームの様子を提示し，関心を高める。 ②写真資料で，原爆投下前と現在の原爆ドームの様子を比較する。
展開	③映像資料で，当時の人々が原爆ドームを保存するかどうか立場が分かれたことを提示することで，当時の人々の思いを予想する。 ④映像資料で，語り部さんの思いについて調べる。 ⑤現在の８月６日の新聞を提示し，印象に残った語り部さんの言葉について交流する。
まとめ	⑥原爆ドームに込められた当時の人々の思いについて自分でまとめる。 ⑦日本や世界で戦争による多くの犠牲者が出た時代について学んでいく上で，単元を通して自分が考えていきたいことについてまとめる。

授業の流れと指導のポイント

01 過去と現在を比較する

本授業の資料は，デジタル教科書（東京書籍）の資料が中心です。特別な資料でなくても，提示の仕方を工夫することで，児童の意欲は高まります。

授業冒頭で，現在の原爆ドーム周辺の映像を提示します。児童は原爆ドームを知っていても，実際の建物の大きさや瓦礫が残っていることは知らないことが多いです。さらに，むき出しの鉄骨や人々が無言で見学している様子から戦争について考える雰囲気をつくっていきます。この時，児童の呟きを拾って板書することが雰囲気づくりのきっかけにもなります。

次に，被爆前の産業奨励館の画像を提示します。児童は，現在「原爆ドーム」と呼ばれている建造物が，どのような建物であったかに興味をもつことでしょう。また，「現在の原爆ドームと違うところは？」と問うことで，過去と現在を比較することができます。すると，原子爆弾の威力の大きさに児童が気づき始めます。こういった事実が，原子爆弾に対して「すごい爆弾」と考えていた児童の思考が「どのような爆弾なのか」と変化していき，追究を深めていくことにつながるのです。

T　この建物を知っていますか？（原爆ドームの映像を提示）
C　知ってる，知ってる！　原爆ドーム！　テレビで見たことある！
T　（映像の続きを流す）
C　うわー，骨組みや…。
T　「うわー」という呟きが出ているけど，どうして？
C　骨組みが見えてたり，瓦礫があったりして，戦争かーて思って…。
（授業の雰囲気が一気に変わる）

02 語り部さんの思いを予想する

原子爆弾について調べた後，語り部さんの映像を提示します。映像資料を提示する際には，要所で一時停止をすると児童の学習意欲を保つことにつながります。

T （映像を一時停止して）どうして，原爆ドームを残すかどうかで意見が分かれたと思う？
C 原子爆弾のことや戦争での嫌なことを思い出したくないからかな？
C ２度と戦争を起こさないためにも，残そうとした人もいると思う。
T では，続きを見てみましょう。

03 当時の人々と自分たちを比較する

現在の８月６日の新聞の中の広島県の原爆投下についての記事を提示します。記事の中には，被爆した方々の日常が一瞬で奪われた様子について必ず書かれています。児童には，印象に残った言葉に印をつけるように指示を出します。お互いが印をつける部分は違うので，活発な交流ができます。また，児童に印をつけた根拠を尋ねると，言葉の背景にある当時の方々の家族や戦争に対する思いに気づくことができます。同時に，戦争の被害に遭っていたのは，自分たちと同じように生活をしていた人々であったことに気づくこともできます。

T 辛い経験とは，どのようなものだったのかな？（新聞記事を配る）
C え…。これは…。
T じっくり読んで，印象に残った言葉に印を入れてごらん。
C 「妹が家の下敷きになってしまったのに，自分は見ているしかできなかった」という部分です。

T　どうしてそこが気になったの？

C　私も妹がいて…。もし，同じ状況でも，私も何もできないと思ったから。

04 ふりかえりでは，考えていきたいことを考えさせる

ふりかえりでは，その1時間で学んだことをまとめることが多いかと思います。しかし，学習内容によっては，単元の導入で，これからの学習で自分が学んでいきたいことを考え，次時以降につなげて授業を終えるのも1つの方法だと思います。この授業では，「多くの犠牲が出る前に，戦争を終えることはできなかったのか」「他の地域では，どのような被害があったのか」「当時の人々と自分とでは，違うところはあったのか」といった内容のふりかえりがまとめられていました。

見える化のポイント！

①過去から現在にかけての原爆ドームの変化が捉えやすいように，資料の下に矢印を入れる。

②原爆ドームの保存派・反対派と立場の違いを見える化することで，原爆ドームに対して，保存派が平和のシンボルとして未来を見据えていること，反対派が当時を思い出させるものと考えていることがわかるようにする。

③児童が「自分だったら」と考えて発言している部分を色を変えて板書する。

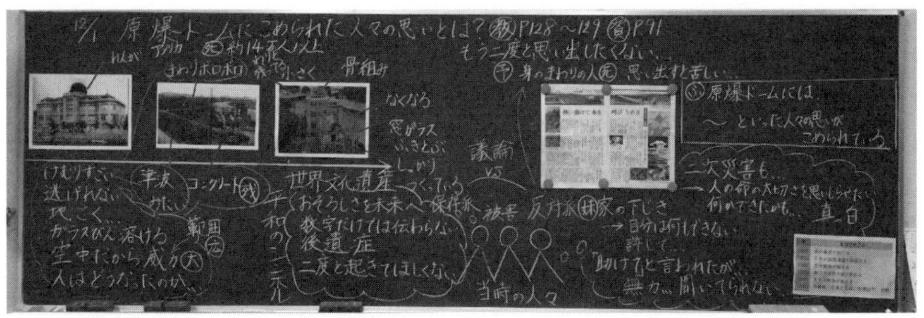

もしもあなたが裁判員に選ばれたなら？

社会の一員である自覚と責任を感じる授業に

Visualization of Social Studies Classes

ねらい

自分が裁判員に選ばれた場合にどうするかを考え，一人ひとりが根拠を明確にした対話を行うことで，裁判員制度を中心に裁判に対しての国民がもつべき責任について考えることができるようにする。

◆問いと対話のテーマ

実際に裁判員に選ばれた時に送られてくる呼び出し状を児童に配る。ただ配るのではなく，封筒に入れて呼び出し状を確認した瞬間に「え…!?」という驚きを引き出す。そこで，「あなたが裁判員に選ばれたらどうするか？」を問う。この問いに対して，児童は前時までに個々で調べてきたことをもとに，「参加する」「断る」「悩む」の立場を選ぶ。立場のズレが生まれたことにより，他の考えへの関心が高まり対話につながっていく。

◆授業の流れ

導入	**①模擬評議をふりかえり，学習意欲を高める。** ・模擬評議の感想を交流する。 **②呼び出し状を配付することで，児童の学習意欲を高める。**
展開	**③これまで調べてきたことと保護者アンケートの結果を資料として，自分の立場を考える。** **④「あなたが裁判員に選ばれたら，どうするか？」について話し合う。** **⑤ゲストティーチャーからの話を聞いたり，質問したりする。**
まとめ	**⑥ふりかえり** ・本時の学習を踏まえて，本時の問いに対する自分の考えを再構築する。

授業の流れと指導のポイント

01 導入で自分事にしていく

T　（前時で模擬評議をしている映像を見せながら）評議をしてみてどうだった？

C　なかなか意見がまとまらないから難しかった。でも，お互いの考えを聞きながら，考えることは楽しかった。

導入では，児童の学習意欲を高めながら「もし，自分が選ばれたら…」という気持ちを抱かせます。そのための手立てとして，まずは，前時の模擬評議を想起させます。裁判員に選ばれた場合に何を行うのかを確認するためです。児童に感想を聞くのは，授業を終えた後の感想と比較するための伏線でもあります。授業後には，「楽しかった」だけではなく，「人の人生がかかっていることまで考えないといけない」という感想を抱かせることができればベストです。次に，封筒に入れて呼び出し状を配付します。児童が呼び出し状を目の当たりにした驚きは，実際に呼び出し状が届いた場合の驚きに似ていると思います。この時点で，非常に集中力の高い雰囲気が出来上がります。

02 保護者アンケートで揺さぶる

児童は，前時までの学習で裁判員制度について調べてきているので，本時の問いに対して，自分の考えをすぐにもつことができていました。そこに揺さぶりをかけることで新たな見方に気づかせる次ページのような資料を配付します。児童には内緒で，事前にとっていた保護者アンケートです。児童にとって，最も身近な存在である大人がどのように考えるかを知ることで，児童は自分の考えを問い直し始めます。

これらを踏まえて，お互いの考えを交流していきます。「参加する」「断る」「悩む」という自分の立場を表明し，これまでに調べてきたことや当事者の立場から考えた心情を根拠に話し合っていきます。この根拠の部分に，当事者になった場合に考えてしまうであろう多角的な悩みが表れてくるのです。実際児童は，本時のねらいである「人の人生の責任を背負っていく」という責任についても考え始めていました。

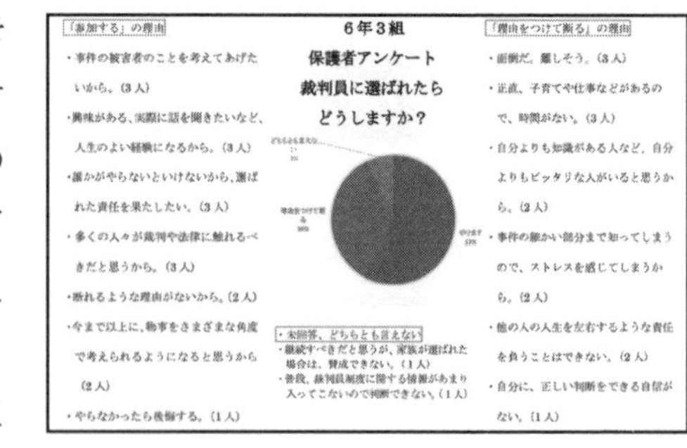

03 児童が「知りたい」時にゲストティーチャーを

裁判員の責任を自覚し始めると，「自分には無理だ」「なんで裁判員を引き受けるんだろう？」と呟く児童が出始めます。そこで，実際に裁判員を経験した当事者の感想を提示します（資料引用：最高裁判所 HP より）。多くの人は裁判員に選ばれる前は不安だったが，裁判員を経験した後は，非常によい経験と感じたと答えています。この事実に，多くの児童が「え⁉」「なんで？」と大きな声を漏らしていました。児童が「知りたい」となった瞬間です。

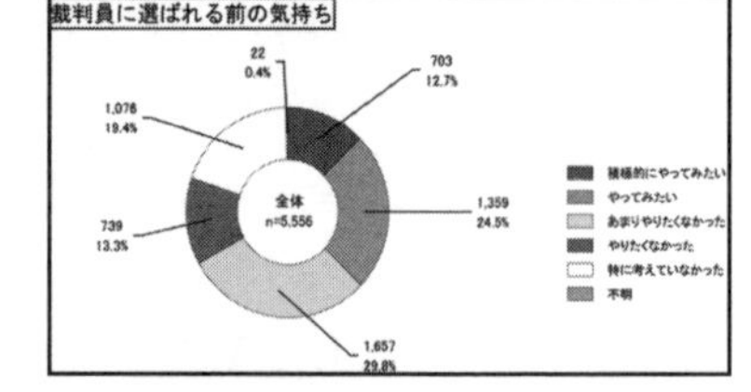

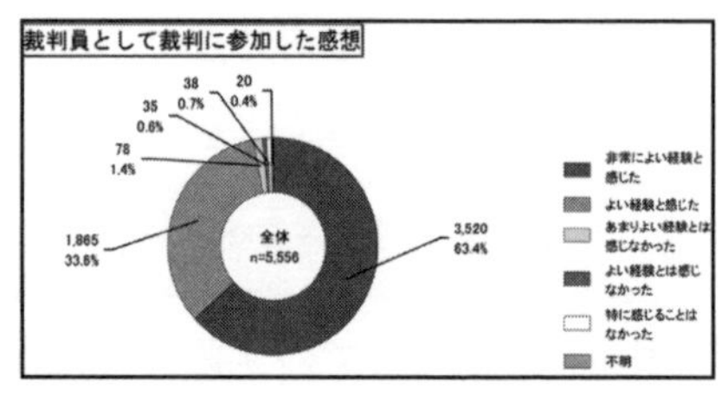

ここで，裁判員を経験された方に登場してもらいました。児童からは，次々と下記のような質問（一部）が投げかけられました。

・裁判員を経験してよかったことは何ですか？
・評議の間に考えていたことは？

・守秘義務に苦しむことはないですか？
・ストレスは感じましたか？
・私たちが裁判員に選ばれたら，やってほしいと思いますか？

04 児童自身に返す

最後は，個々の児童に返すことです。何度も自分に問い直したと考えられる児童のふりかえりを紹介します。

> 自分は，はじめ裁判員をやってみたいと思っていた。難しかったけど，評議で話し合うことが楽しかったからだ。でも，今日，みんなと話してみて，人生とか考えたらストレスもすごいな，と思った。でも，〇〇さん（ゲストティーチャー）の話で，犯行をしてしまった人がどのような生き方をしてきたかを知ることが大切だと思った。きっと考えたことがないことを考えるみたいなよい経験になるから，選ばれたら参加しようと思う。

見える化のポイント！

①左右で「参加する」「断る」の内容を分けて書く。
②左側から中央にかけてが児童の考え，右側が当事者に関する資料や体験談でまとまるようにする。
③左端に模擬評議の感想，右端に実際に評議した方の感想を板書することで，２つを比べられるようにする。

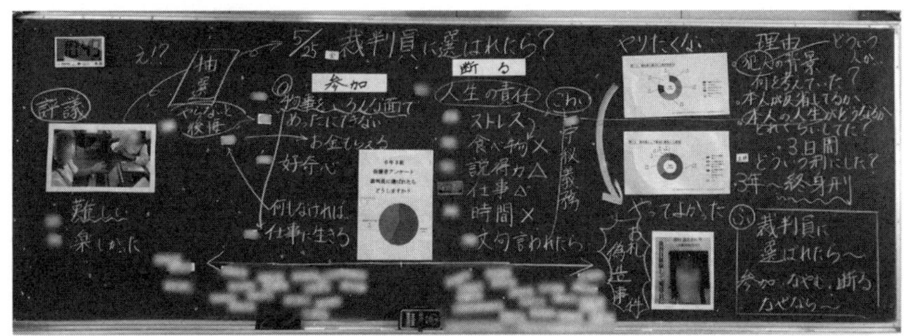

おわりに

「社会科の授業がうまくなりたい！」

本書の冒頭で書いた言葉です。私自身が，強く思っています。もっと言えば，その前提があります。「子どもたちに力をつけたい！」という思いです。

このように書くと，すごい人のように見えてきますね…。一応，言っておきますが，私はスマートに働ける人間ではありません。朝早くから職場へ行って，夜遅くまで仕事をしていることも多くあります。みなさん，これは，よくありませんよ！　まねしないでください（笑）！　ミスもいっぱいします（笑）。一緒に働いた方々は，大きくうなずいているかも…。

ただ，上記のような思いをエネルギーに，自分なりに考えて，失敗を恐れずにチャレンジしてはきたかな，とは思います。不器用なりにです（笑）。

本書のキーワードである「見える化」についてもそうです。

「ああでもない。ん～，どうしたらええかな？」

「あ！　こんなふうにしてみよかな？　子どもら喜ぶかな？」

と試行錯誤する中で，見えてきたものです。そのため，何も特別なことが書かれているわけではないかと思います。もちろん「こんな方法があったのか」と感じていただくことも嬉しいです。

しかし，本書は，

「ん？　これは似たことしているかも…。あ，こんな効果があったんだ」

「これなら自分もできるかも…。ちょっと取り入れてみようかな？」

と，思う内容も多かったと思います。さらには，わかりにくい部分もあったかと思います。それでも，本書が，これまでのご自身の実践を見直すきっかけ，今後の授業づくりのヒントになっていれば幸いです。ぜひ，子どもたちと楽しい社会科授業をつくっていってください。

さて，本書を執筆するにあたって，明治図書出版株式会社および編集担当の新井皓士さんには，文章の書き方から全体の構成など，多くのご助言をいただきました。何とか形になりました（笑）。心よりお礼申し上げます。

また，前述のような自分が楽しく働けているのは，「やってみたい！」とばかり言う私に対して，あたたかく「面白そうやん。やってみたら？」と笑ってくださる管理職，同僚がいるからだと思っております。特に，学年団の先生方には，様々な佐野の思いつき実践，私のガソリンであるお酒の席に付き合っていただき，ありがとうございました。これからもよろしくお願いします。

そして，所属している勉強会やInstagramを通じて関わってきた先生方のおかげで，実践の相談ができたり，改めて自身の実践を新しい視点からふりかえったりすることができております（この本の原型である実践は，Instagramで発信してきたものが多くあります）。今後も，一緒に学んでいきたいと強く願っております。

最後に，急に「本，書くことになったから」と伝えても，「ええやん」と笑って受け入れてくれる妻，いつも可愛い表情で元気をくれる娘にも感謝の気持ちでいっぱいです。これからもよろしくお願いします。

最後までお読みいただき，ありがとうございました。欲張りな私は，本書をお読みになった皆様とも，つながることができればな，と考えております。日々，一緒に学ばせていただきたいです。

子どものことや授業づくり，教師とは？　といったことについて一緒に考えたり，話せたりしたら嬉しいです。今後とも，よろしくお願い致します。

2023年５月

佐野　陽平

参考文献一覧

・藤原友和　著『教師が変わる！　授業が変わる！　「ファシリテーション・グラフィック」入門』明治図書出版（2011）

・森岡毅　著『USJのジェットコースターはなぜ後ろ向きに走ったのか』KADOKAWA（2016）

・由井薗健　著『一人ひとりが考え，全員でつくる社会科授業』東洋館出版社（2017）

・樋口万太郎　著『子どもの問いからはじまる授業！』学陽書房（2020）

・宗實直樹　著『社会科の「つまずき」指導術　社会科が面白いほど好きになる授業デザイン』明治図書出版（2021）

・下村芳弘　著『思考ツールの教科書』東洋経済新報社（2011）

【著者紹介】
佐野　陽平（さの　ようへい）
1987年　大阪府大阪市生まれ。大阪市公立小学校教諭。
2010年４月より大阪市公立小学校勤務５年，大阪教育大学附属池田小学校勤務５年を経て2020年より現職。2019年～現在：教育サークルプットスルカイ代表。2018年以降，依頼を受けた大阪府，大阪市の公立小学校で，社会科授業づくりに関する実践をもとにした教員研修を行っている。
Instagram のアカウントにて，板書を主とした小学校社会科の授業実践を発信中。　@yohei_sanotti

気づき・問い・対話を引き出す
小学校社会「見える化」授業術

2023年７月初版第１刷刊　©著　者　佐　野　陽　平
発行者　藤　原　光　政
発行所　明治図書出版株式会社
http://www.meijitosho.co.jp
（企画）新井皓士（校正）高梨修
〒114-0023　東京都北区滝野川7-46-1
振替00160-5-151318　電話03(5907)6701
ご注文窓口　電話03(5907)6668
＊検印省略　組版所　日本ハイコム株式会社

Printed in Japan　ISBN978-4-18-265569-2